プリント形式のリアル過去問で本番の臨場感！

栃木県

栃木県立中学校

（宇都宮東・佐野・矢板東高校附属中）

2025年春受験用

解答集

本書は，実物をなるべくそのままに，プリント形式で年度ごとに収録しています。
問題用紙を教科別に分けて使うことができるので，本番さながらの演習ができます。

■ 収録内容

・解答集（この冊子です）

　　書籍ＩＤ番号，この問題集の使い方，最新年度実物データ，リアル過去問の活用，
　　解答例と解説，ご使用にあたってのお願い・ご注意，お問い合わせ

・2024（令和６）年度 ～ 2017（平成29）年度　学力検査問題

JN132549

資料の非掲載につきまして

　　著作権上の都合により，本書に収録している過去入試問題の資料の一部を掲載しておりません。ご不便をおかけし，誠に申し訳ございません。

○は収録あり	年度	'24	'23	'22	'21	'20	'19
■ 問題（適性検査・作文）		○	○	○	○	○	○
■ 解答用紙		○	○	○	○	○	○
■ 配点		○	○	○	○	○	○

全分野に解説
があります

上記に2018年度と2017年度を加えた8年分を収録しています
注）問題文等非掲載:2021年度適性検査の1の図と作文の図

教英出版

■ 書籍ID番号

入試に役立つダウンロード付録や学校情報などを随時更新して掲載しています。

教英出版ウェブサイトの「ご購入者様のページ」画面で，書籍ID番号を入力してご利用ください。

書籍ID番号 **101208**

（有効期限：2025年9月30日まで）

【入試に役立つダウンロード付録】

「要点のまとめ（国語／算数）」

「課題作文演習」ほか

■ この問題集の使い方

年度ごとにプリント形式で収録しています。針を外して教科ごとに分けて使用します。①片側，②中央のどちらかでとじてありますので，下図を参考に，問題用紙と解答用紙に分けて準備をしましょう（解答用紙がない場合もあります）。

針を外すときは，けがをしないように十分注意してください。また，針を外すと紛失しやすくなりますので気をつけましょう。

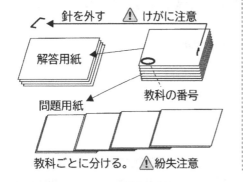
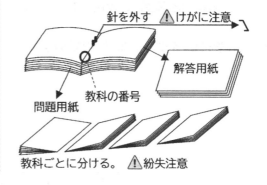

① 片側でとじてあるもの

② 中央でとじてあるもの

※教科数が上図と異なる場合があります。

解答用紙がない場合や，問題と一体になっている場合があります。

教科の番号は，教科ごとに分けるときの参考にしてください。

■ 最新年度 実物データ

実物をなるべくそのままに編集していますが，収録の都合上，実際の試験問題とは異なる場合があります。実物のサイズ，様式は右表で確認してください。

※令和6年度から，収録している適性検査の解答用紙の大きさと組み方を変更して編集しています。

問題用紙	A4冊子(二つ折り)
解答用紙	適性：A4片面プリント 作文：A3片面プリント

リアル過去問の活用

~リアル過去問なら入試本番で力を発揮することができる~

❀ 本番を体験しよう！

問題用紙の形式（縦向き／横向き），問題の配置や余白など，実物に近い紙面構成なので本番の臨場感が味わえます。まずはパラパラとめくって眺めてみてください。「これが志望校の入試問題なんだ！」と思えば入試に向けて気持ちが高まることでしょう。

❀ 入試を知ろう！

同じ教科の過去数年分の問題紙面を並べて，見比べてみましょう。

① 問題の量

毎年同じ大問数か，年によって違うのか，また全体の問題量はどのくらいか知っておきましょう。どのくらいのスピードで解けば時間内に終わるのか，大問ひとつにかけられる時間を計算してみましょう。

② 出題分野

よく出題されている分野とそうでない分野を見つけましょう。同じような問題が過去にも出題されていることに気がつくはずです。

③ 出題順序

得意な分野が毎年同じ大問番号で出題されていると分かれば，本番で取りこぼさないように先回りして解答することができるでしょう。

④ 解答方法

記述式か選択式か（マークシートか），見ておきましょう。記述式なら，単位まで書く必要があるかどうか，文字数はどのくらいかなど，細かいところまでチェックしておきましょう。計算過程を書く必要があるかどうかも重要です。

⑤ 問題の難易度

必ず正解したい基本問題，条件や指示の読み間違いといったケアレスミスに気をつけたい問題，後回しにしたほうがいい問題などをチェックしておきましょう。

❀ 問題を解こう！

志望校の入試傾向をつかんだら，問題を何度も解いていきましょう。ほかにも問題文の独特な言いまわしや，その学校独自の答え方を発見できることもあるでしょう。オリンピックや環境問題など，話題になった出来事を毎年出題する学校だと分かれば，日頃のニュースの見かたも変わってきます。

こうして志望校の入試傾向を知り対策を立てることこそが，過去問を解く最大の理由なのです。

❀ 実力を知ろう！

過去問を解くにあたって，得点はそれほど重要ではありません。大切なのは，志望校の過去問演習を通して，苦手な教科，苦手な分野を知ることです。苦手な教科，分野が分かったら，教科書や参考書に戻って重点的に学習する時間をつくりましょう。今の自分の実力を知れば，入試本番までの勉強の道すじが見えてきます。

❀ 試験に慣れよう！

入試では時間配分も重要です。本番で時間が足りなくなってあわてないように，リアル過去問で実戦演習をして，時間配分や出題パターンに慣れておきましょう。教科ごとに気持ちを切り替える練習もしておきましょう。

❀ 心を整えよう！

入試は誰でも緊張するものです。入試前日になったら，演習をやり尽くしたリアル過去問の表紙を眺めてみましょう。問題の内容を見る必要はもうありません。どんな形式だったかな？受験番号や氏名はどこに書くのかな？…ほんの少し見ておくだけでも，志望校の入試に向けて心の準備が整うことでしょう。

そして入試本番では，見慣れた問題紙面が緊張した心を落ち着かせてくれるはずです。

※まれに入試形式を変更する学校もありますが，条件はほかの受験生も同じです。心を整えてあせらずに問題に取りかかりましょう。

《解答例》

1　[問1]ウ　　[問2]A．イ　B．ク　C．ウ　D．ア

2　[問1]①鳴き声〔別解〕声　②つばめが夏に子育てをする　③帰

　　[問2]イ

3　[問1]ウ　　[問2]①300　②250　③50

4　[問1]エ　　※[問2]80

5　[問1]3　　[問2]右図

①	■	○	
②	×	×	○
③	×	○	
④	×	×	×

⑤	×	×	○
⑥	×	○	
⑦	○		

※の求め方は解説を参照してください。

《解　説》

1　[問1]　ア．1人あたりの平均貸出冊数と，低学年，中学年の本の貸出冊数は4月から6月にかけて増え続けているが，高学年の貸出冊数は，4月よりも5月が少ないので誤り。

イ．1人あたりの平均貸出冊数が最も少ない月は4月で，中学年は最も少ないが，低学年は7月の方が少なく，高学年は9月の方が少ないので誤り。

ウ．4月の1人あたりの平均貸出冊数は12.9冊で，2倍の12.9×2＝25.8(冊)よりも，6月の1人あたりの平均貸出冊数26.2冊の方が多いので，正しい。

エ．7月は貸出冊数が最も多いのが中学年なので，誤り。

[問2]　問題3ページの一番上のふみかさんの発言より，カーペットに近いDに，低学年が一番好きな絵本(ア)を置くことがわかる。ふみかさんの4つ目の発言，まなぶさんの4つ目の発言から，机に近いCに，中学年と高学年ともに，好きと答えた人が3番目に多い探偵もの・推理もの(ウ)を置くことがわかる。貸出カウンターに近いAに置く，低学年・中学年・高学年で好きと答えた人数の合計が一番多い本は，右表より図鑑(イ)であるとわかる。なお，このことはふみかさんの最後の発言の，奥の本だなにあるということからもわかる。残った場所Bに，読書週間のポスターをはる掲示板(ク)を置く。

好きな本の種類	好きと答えた人数の合計
図鑑	146人
ファッション・おしゃれ	134人
学習まんが	129人
歴史まんが	120人
ファンタジー	118人

2　[問1]①　うぐいすの句は「鶯や　文字も知らずに　歌心」(鶯は文字も知らないのに歌心があるなぁ)，ほととぎすの句は「木隠れて　茶摘みも聞くや　ほととぎす」(木のかげにかくれて鳴いたが，茶摘み娘も聞いただろうか。ほととぎすの鳴き声を)である。うぐいすの句には「歌心」，ほととぎすの句には(鳴き声を)「聞くや」とあり，両者とも「鳴き声」を連想させる俳句になっている。　　②　〈つばめについて〉の図を見ると，つばめは5月と7月に子育てをしている。これはちょうど俳句における「夏」(5〜7月)の季節にあたる。　　③　つばめは「8月ごろに東南アジアへもどっていく(＝帰っていく)」ので，「帰燕」と書く。

[問2]　鳥かごのような形が4つくっついて並んでいるが，各鳥かごの真ん中の点線を山折りにし，鳥かごどうしをつなぐ点線を谷折りにして，②と③，④と⑤，⑥と⑦，①と⑧をはり合わせると，図4の鳥かごができる。

3　[問1]　かげは太陽の反対側にできる。太陽は朝に東の地平線からのぼり，昼に南の空の高いところを通り，夕方に西の地平線にしずむ。したがって，午前10時に太陽は南東方向にあり，かげは木の北西方向にできる。これよ

り，大きな木のかげができる場所はウかエである。水たまりができやすい校庭の南東はエだから，かげふみで遊ぶ場所はウになる。

[問2]　洗たくのりと台所用洗ざいと水の量の比は5：1：10である。1人分のシャボン液は160mLなので，そのうち洗たくのりは $160 \times \dfrac{5}{5+1+10} = 50$ (mL)，台所用洗ざいは $50 \times \dfrac{1}{5} = 10$ (mL)，水は $160 - (50+10) = 100$ (mL) である。6年生23人分のシャボン液に必要な水の量は $100 \times 23 = 2300$ (mL)で，2L＝2000mL入れてしまったので，あと $2300 - 2000 = 300$ (mL)加えればよい。1年生と6年生の人数の差は $23 - 18 = 5$ (人)なので，洗たくのりと台所用洗ざいはそれぞれ5人分の量を加えればよいから，洗たくのりは $50 \times 5 = 250$ (mL)，台所用洗ざいは $10 \times 5 = 50$ (mL)である。

4　[問1]　スタンプは，おしたときに左右が反対になる。また，ほった部分は，スタンプをおすと色がつかない。

[問2]　そうたさんの円の並べ方では，297mm＝29.7cm，$29.7 \div 6 = 4$ 余り5.7より，横に4列並べることができる。みさきさんの円の並べ方では，そうたさんよりももう1列だけ横に多く並べることができるので，横に $4 + 1 = 5$ (列)，縦に3段並べることができる。つまり，みさきさんの円の並べ方では，1枚のステッカー用紙から $3 \times 5 = 15$ (枚)のステッカーを作ることができる。図1より，参加者の最大人数は，$400 + 300 + 5 \times 50 + 2 \times 100 = 1150$ (人)で，どの種目もステッカーを10枚ずつ多く作るので，必要なステッカーは全部で，$1150 + 10 \times 4 = 1190$ (枚)である。1枚のステッカー用紙から15枚のステッカーを作るから，ステッカー用紙は $1190 \div 15 = 79$ 余り5より，$79 + 1 = 80$ (枚)必要である。

5　[問1]　予選4組のそれぞれの組で1位になったチームは決勝に進めるので，2位以下で決勝に進めるのは $8 - 4 = 4$ (チーム)である。図1より，51.45秒よりも速かったチームは，1組目の2位と3位のみなので，4組目で3位に入れば，決勝に進むことができる。

[問2]　記録順に整理して考えていく。1m45cmをとんだAとDは，Aが2位でDが3位であり，最後に成功した高さはどちらも「×○」なので，すべての高さの「×」の合計数がAの方が少なくなるように①と②をうめる。①「○」，②「××○」である。

同様にして，1m40cmをとんだCとFとIとKとLが図2の順位になるように③，⑤，⑥，⑦をうめていく。LはCよりも順位が上なので，⑦「○」である。⑥が「○」だとKがCと同じ順位になるので，⑥は「×○」か「××○」である。FとIはKより順位が低いので，⑥が「××○」だと③「××○」，⑤「××○」となるが，それだとIがFより順位が高くなければおかしい。したがって，⑥「×○」であり，順位がK→F→Iとなるには，③「×○」，⑤「××○」でなければならない。

Hは，記録が1m35cmなので，1m40cmはとべなかったから，④「×××」である。

《解答例》

〈作文のポイント〉

・最初に自分の主張、立場を明確に決め、その内容に沿って書いていく。

・わかりやすい表現を心がける。自信のない表現や漢字は使わない。

さらにくわしい作文の書き方・作文例はこちら！→https://kyoei-syuppan.net/mobile/files/sakupo.html

《解答例》

1　[問1]ア，ウ　　[問2]50

2　[問1]ウ　　[問2]①イ　②サ　③ク

3　[問1]402　　[問2]①3　②50　③58　④44

4　[問1]7　　※[問2]B

5　[問1]バックスペースキーを3回おした後，H，I，B，I，W，Oの順番でキーをおし，エンターキーをおす。

　　[問2]前列…イ→エ→オ→ア→ウ　後列…カ→コ→ケ→ク→キ

※の求め方は解説を参照してください。

《解　説》

1　[問1]　ア．20～29才で「まったく知らない」と解答した人は21.6%であり，他の年代と比べて最も高いので，正しい。　　イ．2014年と2020年で比べると，「食べ残し」は増加しているのに対し，「食べ残し」以外の合計は2014年では912＋865＝1777，2020年では328＋1086＝1414となり，減少している。よって，「食べ残し」の割合は同じとはいえないので，正しくない。　　ウ．2016年から2020年の間で，「直接はいき」，「食べ残し」の発生量は増減が見られるが，「過剰除去」の発生量は毎年減少しているので，正しい。　　エ．「よく知っている」と「ある程度知っている」と答えた人の割合は，15～19才では，30.8＋46.5＝77.3（%）だが，40～49才，50～59才，60～69才，70才以上の人はいずれも77.3%以上となっているので，正しくない。

　[問2]　みそ汁を作る手順②の25分間に他の手順を進める。この間に，きんぴらの調理(10分間)と手順③(10分間)は並行して進められるので，調理にかかる時間は最短で，70－(10＋10)＝50(分間)となる。

2　[問1]　あたためられた空気は軽くなって上へ動く。ウはストーブによってあたためられた空気が上にあがることで起こる現象である。なお，アはくもりの日より，晴れた日の方が洗たく物にふくまれる水が水蒸気に変化しやすいことで起こる現象。イはあたためられた空気の体積が大きくなることで起こる現象，エは太陽からの熱が空気を通り抜けて直接伝わる放射によってあたたかくなる現象である。

　[問2]　まず，②を考えると，丸みのある形になるので，左右が曲線となっているサとなる。

次に，サの直線部分の辺の長さは2と6であり，①は1辺の長さが2の正八角形だとわかるので，イとなる。

最後に，③は台形であり，上底と下底のうち，長い方の長さが6だから，クとなる。

3　[問1]　「♩＝120」の曲では，1分間に4分音ぷを120回打つ速さなので，1秒間に120÷60＝2(回)なわとびを飛ぶことになる。この曲は3分21秒＝(3×60＋21)秒＝201秒なので，一曲終わったときになわとびを飛ぶ回数は，2×201＝402(回)となる。

　[問2]　今年の記録，目標，得点をまとめると下の表のようになる。

	あく力	上体起こし	長座体前くつ	反復横とび	20mシャトルラン	50m走	立ちはばとび	ソフトボール投げ
今年の記録	17 kg	17 回	40 cm	47 回		9.7 秒	138 cm	15m
今年の得点	7 点	7 点	7 点	10 点		6 点	6 点	7 点
今年の記録目標	18 kg	18 回	41 cm	45 回	42 回	9.5 秒	140 cm	14m
今年の目標の得点	7 点	8 点	8 点	9 点	7 点	7 点	6 点	7 点

表より，「今年の記録目標」の得点と同じだった種目は，あく力，立ちはばとび，ソフトボール投げの①3種目であり，今の時点での合計得点は，7＋7＋7＋10＋6＋6＋7＝②50（点）となる。

次に，今年の目標は59点で総合評価がBになるから，りえさんは現在小5だとわかる。よって，総合評価がBになるための最低点は③58点である。

今の時点での得点が50点なので，総合評価がBになるためには20mシャトルランで，58－50＝8（点）取る必要がある。よって，④44回以上走ればよい。

4 [問1] 「ド」の音のストローは16㎝なので，それぞれの音のストローの長さの割合に16をかければ，ストローの長さ（㎝）を求めることができる。これをまとめると表1のようになる。

表1

音	ド	レ	ミ	ファ	ソ	ラ	シ	ド(高)
長さの割合	1	0.9	0.8	0.75	0.65	0.6	0.55	0.5
ストローの長さ(cm)	16	14.4	12.8	12	10.4	9.6	8.8	8

ストローの長さが長くなるものから順に切っていった時，余った分の長さで他の長さが作れるか考えていくと表2のようになる。表2に記載されている以外に，間にはさむストローが2本分必要であり，これは家にあるストロー1本で作ることができる。よって，一つのストロー笛を完成させるのに必要な本数は，6＋1＝7（本）である。

表2

	長さ(cm)	余りの長さ(cm)	作れるストロー
ド	16	5	なし
レ	14.4	6.6	間
ミ	12.8	8.2	間
ファ	12	9	シ
ソ	10.4	10.6	ラ
ラ	9.6		
シ	8.8		
ド(高)	8	13	間, 間

※間にはさむストローは間と表記

[問2] A店で買う場合，1ふくろ100本入りだから，
400÷100＝4（ふくろ）買うことになり，1ふくろは280円だから，280×4＝1120（円）となる。

B店で買う場合，1ふくろ50本入りだから，400÷50＝8（ふくろ）買うことになり，1ふくろあたり10％引きになる。よって，1ふくろは150×（1－0.1）＝135（円）となるので，135×8＝1080（円）となる。

C店で買う場合，1ふくろ150本または10本入りだから，400÷150＝2余り100より，150本入り2ふくろと，10本入り10ふくろを買うことになる。150本入りのふくろが400円，10本入りのふくろが29円だから金額は，
400×2＋29×10＝1090（円）となり，1000円以上なので配送料はかからない。

以上より，B店が一番安い。

5 [問1] 会話文中に「『お』がちがう」「『先生』以外は，平仮名に」とあるように，「お」を「を」に直し，「日々」をひらがなにする。会話文中の下線部を参考にして，変える必要のある部分だけ直せばよい。バックスペースキーで消したい文字は，カーソルの左側にある「日々お」の3文字なので，バックスペースキーを3回おす。この3文字を消した後，「ひびを」と入力したいので，おすキーの順番を，「H，I，B，I，W，O」にする。

[問2] 後列について，「『きらきら』（カ）は，最初がいい」「一番最後に『指さし』（キ）」とあることから，

前列	→	→	→	→	
後列	カ	→	→	→	→	キ

「前列が『さようなら』（エ）をしているときは，後列は『ぐるぐる』（コ）」「前列が『足ぶみ』（オ）をしている後ろで，『手びょうし』（ケ）」「前列が『ジャンプ』（ア）をしているときは～『手を上に』（ク）」とあることから，

エ	オ	ア
コ	ケ	ク

の3つの組み合わせが決まる。

前列について「『足ぶみ』(オ)の後に『ジャンプ』(ア)を〜続けておどりたい」「『げんき』(ウ)と『さようなら』(エ)は〜続けておどらない方がいい」「『げんき』(ウ)と『さようなら』(エ)は〜どちらかは最後」とあるので

前列		→	エ	→	オ	→	ア	→	ウ
後列	カ	→	コ	→	ケ	→	ク	→	キ

「話題にでなかった『ふりふり』(イ)をあいたところでおどる」とあるため,

前列	イ	→	エ	→	オ	→	ア	→	ウ
後列	カ	→	コ	→	ケ	→	ク	→	キ

《解答例》

（例文）

　私は、「なりたい自分」になるために、将来看護師を目指します。理由は、看護師である母のような大人になりたいからです。母は毎日いそがしく働き、夜勤の日もあります。そのため、家をるすにすることが多く、さびしく感じていた時期もありました。しかし、ある出来事がきっかけで、母の仕事に対する考えが変わりました。近所に住むおばあさんから「私は病院であなたのお母さんにとてもお世話になっているのよ。いつもやさしくはげましてくれて、そのおかげでまだまだがんばろうという気持ちになれるの。」と言ってもらったのです。母は、家族だけでなく、地域の方々からも必要とされている、そう思うと、とてもほこらしい気持ちになりました。それからは、家事を進んで手伝うようになり、自分も将来看護師になりたいと思うようになりました。

　そのために、私は、看護師の国家試験に合格することを目指すとともに、今がんばれる身近な目標を達成することを大切にしていきたいです。一つ目の目標は、人間の体のしくみに関する本を読んだり、図かんやインターネットを使って調べたりして、知識を深めることです。二つ目は、友達と遊んだり、読書をしたりして、他人の気持ちを思いやることができる人になることです。三つ目は、毎日バランスのとれた食事をし、運動を続けて、健康な体を作り、十分な体力をつけることです。「なりたい自分」になるために、今からこつこつがんばります。

《解答例》

1　[問1]ア．×　イ．○　ウ．○　エ．○　オ．×　　[問2]エ

2　[問1]右図　[問2]右図　②E　③D　④B　⑤A　⑥F　⑦D　⑧C

3　[問1]記号…イ　理由…14時5分には，真南よりも西に太陽が位置している。
よって，たけしさんのいる位置から，太陽とタワーが同じ方角に見える公園
はイだから。
[問2]タワーを出て最初の交差点をどのように進むのかという説明。

4　[問1]イ，ウ，オ　[問2]1.4　理由…1.4mは，6回以上入った人数が
21人中17人である。体験した1年生のうち6回以上入った
人数の割合は，17÷21×100＝80.9…より，約81％となり，
8割をこえているから。

5　[問1]縦の長さ…19　横の長さ…19　布の長さ…180
[問2]右表

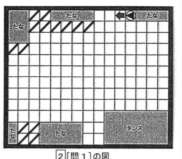

2 [問1]の図

順番	種目	時間（分間）
1	D	20
2	E	20
3	A	15
4	C	15
5	B	15
6	F	10

2 [問2]の図

《解　説》

1　[問1]ア　中学生の減少を読み取れないから，×である。　　イ　65歳以上の人口は，栃木県も日本も増加し続け
ているから，○である。　　ウ　栃木県の総人口は2000年まで，日本の総人口は2010年まで増加していたが，そ
れ以降は減少していくから，○である。　　エ　1980年の0才から14才の人口の半分は，栃木県が43÷2＝
21.5（万人），日本が2752÷2＝1376（万人）で，2040年はどちらも半分以下だから，○である。　　オ　2040年の
総人口の5割は，栃木県が165×0.5＝82.5（万人），日本が11092×0.5＝5546（万人）であり，どちらも15才から64
才の人口の方が上回るから，×である。
[問2]　エが正しい。1は給食調理室やランチルーム，2は校庭や体育館，3は校舎や体育館，4は体育館，5は
校舎を改修して利用している。　ア．1と2と5はあてはまるが，3と4はあてはまらない。　イ．すべてあては
まらない。　ウ．3と4はあてはまるが，1と2と5はあてはまらない。　オ．1と2と3と5はあてはまるが，
4はあてはまらない。

2　[問1]　ロボットは右図Ⅰの太線のように移動するので，そうじできないゆか
の部分は，解答例のようになる。
[問2]　9回の命令で動かすので，左右から1列ずつ通る，
または，上下から1行ずつ通るような動き方（右図Ⅱ参照）
をすると，ロボットが同じところを二度通ることなくそうじ
をすることができる。そのような動き方をした場合，ロボッ
トがすべてそうじできる位置と向きを探すと，⑦の↑が見つかる。

図Ⅱ

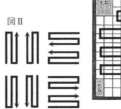

図Ⅰ

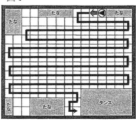

3　[問1]　太陽の方向にタワーが見えるというたけしさんの発言に着目する。太陽は東の地平線からのぼり，正午ご
ろに南の空の空で最も高くなり，西の地平線にしずむ。図より，たけしさんが電話してきたのは14：05ごろで，

正午より少し後の時間だから，たけしさんのいる公園から見て太陽は真南より少し西側にあると考えられる。したがって，タワーから見てたけしさんがいる公園は真北より少し東側にあるイの公園だとわかる。

[問2] えりかさんが考えていたルートを点線，実際にたけしさんが
通ったルートを太線で表すと，右図のようになる。

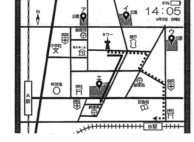

4 [問1] ア．4点以上の人数は，輪投げが $25+12=37$（人），学校クイズが $19+19=38$（人），じゃんけん列車が $24+14=38$（人）だから，正しくない。

イ．平均値は，輪投げが $\dfrac{1\times1+2\times3+3\times29+4\times25+5\times12}{70}=\dfrac{254}{70}$（点），

学校クイズが $\dfrac{1\times2+2\times9+3\times20+4\times19+5\times19}{70}=\dfrac{251}{70}$（点），

じゃんけん列車が $\dfrac{2\times7+3\times24+4\times24+5\times14}{70}=\dfrac{252}{70}$（点）だから，正しい。　ウ．明らかに正しい。

エ．5点をつけた人は，学校クイズ（19人）が一番多いので，正しくない。

オ．2点以下の人数は，輪投げが $0+1+3=4$（人），学校クイズが $1+2+9=12$（人），じゃんけん列車が $1+0+7=8$（人）だから，正しい。

[問2] 21人の8割は，$21\times0.8=16.8$（人）だから，6回以上入った人数が，17人以上20人以下（21人だと全員になるのでふさわしくない）となるきょりを探せばよい。

5 [問1] 図2より，マスクの大きさは縦が10cm，横が15cmである。〔作り方の手順〕の②より，布がさらに縦に $1.5\times2=3$（cm）必要となる。④より，布がさらに縦に $(1\times2)\times3=6$（cm）必要となる。⑤より，布がさらに横に $(0.5+1.5)\times2=4$（cm）必要となる。よって，1枚のマスクを作るために必要な布の長さは，縦が $10+3+6=19$（cm），横が $15+4=19$（cm）である。

予備もふくめると，マスクは $40+2=42$（枚）分作りたい。図3の布のはばは110cmだから，$110\div19=5$ 余り 15 より，布の長さが19cm増えるごとに作れるマスクの枚数が5枚増える。$42\div5=8$ 余り 2 より，布の長さが $19\times(8+1)=171$（cm）あれば，マスク42枚分（最大で45枚分）を作ることができる。10cm単位で切り売りしているので，布の長さは180cmで切り売りしてもらえばよい。

[問2] 順番は，1～5番目は参加する学年が続かないようにする。1番目がD（1～3年）なので，2番目はC（5，6年）かE（4～6年）となる。

2番目がCだと3番目がA（AとCは順番が続く）で，4，5番目にBとEが入るが，BとEは同じ学年（4年）が参加するから，条件に合わない。

2番目がEだと3番目がA，4番目がC，5番目がBで，条件に合う。

交流遊びは全体で午前11時30分－午前9時30分＝2時間あり，準備時間が $5\times5=25$（分間）あるので，遊ぶ時間は2時間－25分間＝1時間35分＝95分間ある。Fの時間は10分間なので，A～Eの時間の合計は $95-10=85$（分間）である。D，Eの時間をA～Cの時間と同じにした場合，A～Eの時間の合計は $85-5\times2=75$（分間）となるので，A～Cそれぞれの時間は $75\div5=15$（分間），D，Eの時間はそれぞれ $15+5=20$（分間）となる。

《解答例》

（例文）

　　私は、ちがう意見を言いやすいような話し方をすることと、何かを決める時に、それぞれのちがいを生かせるように〈ふうをすることを実行したいと思います。Aさんたちの会話にもあるように、ちがいを理解して認め合うことが大切だと考えています。

　　クラブで相談をした時に、最初に発言した人の意見に多数が賛成し、別の考えを言いにくくなったことがあります。発言するのが得意な人の意見は通りやすいです。しかし、発言するのが苦手な人も、それぞれに考えていることがあるはずです。だから私は、何かを話し合う時には、言いにくそうにしている人がいないか気を配り、その人の性格などを考えて、じょうずに話をふりたいと思います。

　　学級会などでたくさんのアイデアが出て、一つに決めるのが難しいことがあります。すると多くの場合、すぐに多数決で決めようとします。しかし、それぞれが良いアイデアを出し合っているのに、一つだけに決めて他を捨ててしまうのはもったいないことだと感じます。だから私は、そのような場面では、いくつかのアイデアを組み合わせてより良いものにする〈ふうを提案したいと思います。

　　私がこれらのことを実行すれば、ちがいを認め合う空気が生まれ、ちがうことやできないことをはずかしいと感じる人が減ると思います。また、ちがっても良いのだ、ちがうから良いのだと、安心して発言したり行動したりする人が増えると思います。そのような集団になれば、だれもがそこに居場所を見つけ、気持ちよく学校生活を送れると考えます。

《解答例》

1 ［問1］ウ　　［問2］ア→ク→キ→ウ→イ

2 ［問1］エ　　［問2］①12　②1.2　③6　④50

3 ［問1］①直射日光をさえぎること　②風通しをよくすること

　［問2］右図

4 ［問1］①エ　②オ　③イ　　［問2］C→A→D→B

5 ［問1］右表　　［問2］こども会の人数は，図1の合計人数から21人
　である。（下線部は会話の中で「70円の 500mL ペットボトル飲料を人
　数分買うと 1470 円」としているので，1470÷70＝21（人）でもよい）

Aチーム		Bチーム		Cチーム		Dチーム		Eチーム	
学年	地区	学年	地区	学年	地区	学年	地区	学年	地区
6	南	6	南	6	北	6	南	5	北
5	北	4	南	5	南	4	北	5	北
3	北	4	北	3	南	3	南	4	南
2	南	2	北	2	北	2	北	2	南
						1	北		

　飲み物は，500mL を21人に配ると考えると，500×21＝10500（mL）だから，10.5 L 必要である。（下線部は 1 人あたり
250mL を 2 回配られるので，21人分を求めると，250× 2 ×21＝10500（mL）でもよい）

ひろこさんの考えた組み合わせは，ケース売りよりも 10 円安いので，850−10＝840（円）である。

10.5 L になる組み合わせは，2 L ペットボトル飲料 3 本と 1.5 L ペットボトル飲料 3 本である。金がくを計算する
と，150× 3 ＋130× 3 ＝840（円）である。よって，ひろこさんの考えた組み合わせは，2 L ペットボトル飲料 3 本
と 1.5 L ペットボトル飲料 3 本である。

りさこさんの考えた組み合わせは，ケース売りよりも 30 円安いので，850−30＝820（円）である。

10.5 L になる組み合わせは，2 L ペットボトル飲料 5 本と 500mL ペットボトル飲料 1 本である。金がくを計算する
と，150× 5 ＋70× 1 ＝820（円）である。よって，りさこさんの考えた組み合わせは，2 L ペットボトル飲料 5 本と
500mL ペットボトル飲料 1 本である。

《解　説》

1 ［問1］　「パンやスパゲッティの主な原料」は小麦，いちごがふくまれる品目は野菜類である。自給率は，小麦の
下位 3 か国がオ・エ・ウ，野菜類の上位 3 か国がエ・ア・ウだから，日本はウと判断できる。

　［問2］　アは第一段落の「外国で宣伝しているトラックの写真」，クは第二段落前半の「栃木県では…輸出額は
年々高くなってきています」，キは第二段落後半の「どのような農産物が輸出されているのでしょうか〜」，ウは第
三段落の「栃木県内で生産された米は…栃木県内で消費されている量よりも，県外に出荷されている量の方が多
い」，イは第四段落の「いちごは栃木県の特産物…都道府県別の産出額は日本一」と対応している。

2 ［問1］　エ〇…下線部は，金属のふたが温められて体積が大きくなることで起こる現象である。温度計の赤い液体
は灯油で，温度計の赤い液体が上しょうするのは，気温が高くなって灯油の体積が大きくなるからである。なお，
アは，ほうれんそうを加熱することによって，ほうれんそうの水分が減少し，かさが減る現象，イは，熱い液体の
方が冷たい液体よりも，ものがとける量が多いために起こる現象，ウは，ドライヤーの熱風によって，ぬれたかみ
の毛のまわりの空気があたたかくかわいた空気に入れかわって，水が蒸発しやすくなることで起こる現象である。

　［問2］　図3より，うちのみそ 100 g に対して，食塩相当量が 12.0 g だから，うちのみその塩分は，
12.0÷100×100＝①12（%）である。調理実習のときに 1 人分のみそ汁に使ったみその量は 60÷ 4 ＝15（ g ）だから，
みその塩分の量は，$15×\frac{8}{100}$＝②1.2（ g ）であり，家族 5 人分では 1.2× 5 ＝③6（ g ）になる。

塩分を 6 g にするには，うちのみそを $6 \div \dfrac{12}{100} = 6 \times \dfrac{100}{12} = \underset{④}{50}$ (g) 使えばよい。

③ [問1]① よしずは「日の当たるのき下に，立てかけて」，すだれは「日が差しこむ窓やのき下に，たらして」，朝や夕方の太陽が低くなった時間帯の<u>直射日光をさえぎる。</u> ② 引きちがい戸は，「横に開閉でき」，取り外しも可能なので，家全体に<u>風が行きわたる</u>ようになる。「しょうじやふすまを外し，す戸に取りかえる」と，夏の強い日射しを和らげながら，<u>風通しをよくする</u>ことができる。

[問2] NはKという文字の右の方向にある面に書かれていて，Nの上の方向にKの面があるので，図ⅱのようになる。Eについては以下のように考える。

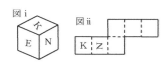

立方体の展開図では，となりの面にくっつくのならば，面を 90° だけ回転移動させることができる（一度にいくつかの面のまとまりを回転移動させてもよい）。EはKという文字の下の方向にあるので，Kの下の方向にある辺が別の面にくっつくまで，展開図でKの面を移動させていくと，図ⅲのようになる。よって，Eの位置と向きは解答例のようになる。

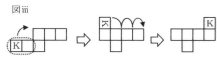

④ [問1] ア〜オの条件に合う人を考える。アの条件に合う人は 3 人の中にはいない。イの条件に合うのはたけしさんである。ウの条件に合う人は 3 人の中にはいない。エの条件に合うのはつよしさん(13.0秒)である。一番速い記録と一番おそい記録の差は，つよしさんが 14.2−13.0＝1.2(秒)，ゆうやさんが 13.9−13.4＝0.5(秒)，たけしさんが 14.1−13.3＝0.8(秒)だから，オの条件に合うのはゆうやさんである。

よって，①はエ，②はオ，③はイとなる。

[問2] 4 人の 3 日間の記録の平均をそれぞれ求める。Aさんの記録は 3 回とも同じだから，記録の平均は 13.7 秒である。他の人の記録の平均について，（3 回の記録の合計）÷ 3 で求めてもよいが，1 人あたりの記録が 3 つしかないので，大きい記録から小さい記録に数を割りふって 3 つの記録をならす方法で簡単に求めることができる。例えばBさんの記録について，1 日目と 3 日目から 0.1 秒ずつを 2 日目に移すと，3 つの記録がすべて 13.8 秒になるから，Bさんの記録の平均は 13.8 秒である。同様にして，Cさんの記録の平均は 13.9 秒，Dさんの記録の平均は 13.9 秒とわかる。よって，記録の平均が一番よかったのはAさんだから，第二走者はAさんである。また，3 日間で一番速い記録を出したのはBさんだから，第四走者はBさんである。

CさんとDさんは第一走者か第三走者だから，順番は，C→A→D→BかD→A→C→Bである。

表4より，テイクオーバーゾーンの通過記録の合計は，C→A→D→Bのときは 3.7＋3.7＋4.1＝11.5(秒)，D→A→C→Bのときは 3.7＋4.0＋4.0＝11.7(秒)となるので，求める順番は，C→A→D→Bである。

⑤ [問1] 表のAチームのところから，各チームの合計ポイントが 6＋5＋3＋2＝16(ポイント)になればよいとわかる。Eチームはあと 16−5−5−4＝2 (ポイント)必要で，すでに北地区が 2 人，南地区が 1 人いるから，南地区の 2 年生を入れればよい。

Dチームについて，1 年生は北地区(南地区にはいない)であり，あと 16−6−4−1＝5 (ポイント)必要である。1 年生はもういないので，Dチームにはあと 2 年生と 3 年生が一人ずつ入る。南地区の 2 年生 2 人はA，Eチームに入っているから，2 年生は北地区であり，チーム分けの条件三より，3 年生は南地区である。

Bチームについて，上の 2 人が南地区だから，下の 2 人は北地区である。よって，2 年生は北地区であり，南地区の 6 年生と北地区の 2 年生以外で 16−6−2＝8 (ポイント)必要である。よって，（南地区の 6 年生，北地区の 2 年生）（南地区の 5 年生，北地区の 3 年生）（南地区の 4 年生，北地区の 4 年生）のうち，どちらもまだ人がいる

組み合わせは(南地区の４年生，北地区の４年生)だから，Ｂチームには南地区の４年生と北地区の４年生が入る。
残った４人がＣチームとなる。

[問２]　最初に各商品の１Ｌあたりの金額を計算し，どの商品が割安なのかを調べる。１Ｌあたりの金額は，
２Ｌペットボトル１本が $150 \div 2 = 75$(円)，200mL＝0.2Ｌ紙パック30本セットが $750 \div (0.2 \times 30) = 125$(円)，
1.5Ｌペットボトル１本が $130 \div 1.5 = 86.6\cdots$(円)，500mL＝0.5Ｌペットボトル１本が $70 \div 0.5 = 140$(円)である。
割安な順に，２Ｌペットボトル１本，1.5Ｌペットボトル１本，200mL紙パック30本セット，500mLペットボトル
１本だから，なるべく２Ｌペットボトルを多く使って10.5Ｌとなる組み合わせを考える。

合計の量(10.5Ｌ)から，２Ｌペットボトルは最大で５本買える。残りの0.5Ｌを500mLペットボトル１本で補う
と，金額の合計は，$150 \times 5 + 70 \times 1 = 820$(円)となる。これがりさこさんの考えた組み合わせである。

２Ｌペットボトルを４本とした場合，残りの $10.5 - 2 \times 4 = 2.5$(Ｌ)を補う最も安い組み合わせは，1.5Ｌペット
ボトル１本と500mLペットボトル２本である。金額の合計は，$150 \times 4 + 130 \times 1 + 70 \times 2 = 870$(円)となり，850円
より高くなってしまうので，条件に合わない。

２Ｌペットボトルを３本とした場合，残りの $10.5 - 2 \times 3 = 4.5$(Ｌ)を補う最も安い組み合わせは，1.5Ｌペット
ボトル３本である。金額の合計は，$150 \times 3 + 130 \times 3 = 840$(円)となり，これがひろこさんの考えた組み合わせで
ある。

《解答例》

(例文)

　私は、スポーツには人を感動させるみりょくがあると思います。なぜなら、スポーツを通じて楽しみや喜びを得ることができるからです。それは自分がする立場でも、みる立場でも味わうことができます。

　栃木県は、スポーツが盛んな県で、いろいろなスポーツを生でみる機会が多くあります。プロスポーツチームがたくさんありますが、私は特にバスケットボールの試合をみるのが好きです。プロバスケットボールチームの宇都宮ブレックスには、日本人初のＮＢＡプレーヤーの田ぶせ勇太選手をはじめ、スピードのある選手がそろっていて、Ｂリーグの初代王者になりました。観戦していると、体が熱くなり、いつの間にか夢中で声えんを送り、選手たちと一体になっていることに気づきます。あまり元気がない時でも、試合をみに行って、選手たちの素晴らしいプレーをみていると、体中に力がわいてきます。

　２０２２年には、国内最大のスポーツの祭典「とちぎ国体」が開さいされます。県内の各地で、さまざまな競技をみることができるチャンスです。今までみたことのないスポーツを生でみることもできるので、とても楽しみです。また、国体に出場する選手や観戦するかたがたが、全国からおおぜい栃木県にやってくると思います。大会が盛り上がり、選手も観戦者も一体となって大きな感動が得られるように、私も県民のひとりとして、おもてなしの心をわすれないで、参加したいと思っています。

《解答例》

1 [問1]エ   [問2]①ア ②オ ③イ ④ウ ⑤エ

2 [問1]りんごジュースの量…640 粉ゼラチンの量…16   [問2]ウ

3 [問1]4   [問2]イ

4 [問1]①，⑦，⑰，②，⑰，⑰，⑰   [問2]14750

5 ※[問1]40   [問2]記号…イ 時刻…15，5

※の求め方は解説を参照してください。

《解　説》

1 **[問1]** エが正しい。今後，防災訓練に参加したいと回答した人の割合は，防災訓練の参加意識で「参加したことがあり，今後も参加したい」「参加したことはないが，今後は参加したい」と回答した人の割合の合計だから，67.3%である。　ア・イ．防災や災害に関する情報を得る手段について，年代ごとや推移の比較はない。　ウ．防災に関して「特に意識していない」と回答した10代・20代の割合は50%以上であり，防災に関して意識している人の割合が他の年代より低い。

[問2] ひなさんが「家族防災会議の素材を①にしましょう」と言い，これに対する反対意見は出ていないので，アが①にあてはまる。続いて，ゆうとさんが「みんなの感想や呼びかけを書いたまとめの素材は最後だね」と言っているので，エが⑤にあてはまる。みさきさんが「登下校中のひ難に関する素材を②か③にした方がいいんじゃないかしら」と提案しているので，イは②か③にあてはまる。その後，ひなさんが「上段は災害が起きる前の備えについての素材～にしましょう」と言っている。「災害が起きる前の備え」に関する素材は，オである。よって，オが上段の②に，イが③にあてはまる。ひなさんが「中段は災害が起きたときの対応に関する素材にしましょう」と言っているので，ウが中段の④にあてはまる。

2 **[問1]** ゼリーは全部で160×5＝800(mL)作る。これは250mLのゼリーを作るときの$\frac{800}{250}=\frac{16}{5}$(倍)の量だから，家族5人分のりんごゼリーを作るのに必要なりんごジュースの量は，$200×\frac{16}{5}=640$(mL)，粉ゼラチンの量は，$5×\frac{16}{5}=16$(g)である。

[問2] コップの外側に水てきがつく現象は，空気中の水蒸気(気体)が水(液体)に変化することによって起こる。これと同様に気体が液体に変化するのはウである。このときできるめがねのくもりは，室内の空気の中にある目に見えない水蒸気が，寒い日に外で冷やされためがねによって水に変化したものである。なお，アは液体が気体に，エは液体が固体に変化することで起こる現象である。また，イで，あせをかくのは，あせが蒸発する(液体が気体に変化する)ときに周りから熱をうばうことで，体温が上がりすぎないように調整するためである。

3 **[問1]** 右図ⅰは設計図，右図ⅱはたたんだ図である。

図ⅱより，図ⅰの⑦の長さは，1＋9＋A＝10＋A(cm)とわかる。同じように，図ⅰの①の長さも，10＋A(cm)である。

したがって，設計図の横の長さは，10＋10＝20(cm)とA3つ分の長さに等しいとわかる。よって，A3つ分の長さは32－20＝12(cm)だから，Aの長さは，12÷3＝4(cm)である。

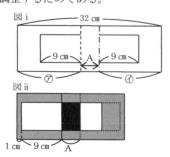

[**問2**]　かざりはそれぞれの折り目について対称となる。

1回目，2回目，3回目に折ったときの折り目は，右図のようになるから，

ひろしさんは図7の④の三角形をイのように切ったとわかる。

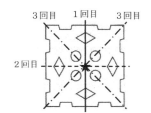

4　[**問1**]　まずはめぐみさんの操作から，2の台にあるブロックのもとの向きを調べる。めぐみさ

んは2の台にあったブロックを，[ア]を1回おして☆の台に置いたので，2の台にあるブロックの

もとの向きは，図2のモニターの下の段のブロックの向きから反時計周りに90度回した，右図の

ようになる。

図4のようにブロックを積むためには，最初に1の台にあるブロックを持ち上げ（[1]），時計周りに90度回して

（[ア]を1回），☆印の台に置く（[イ]）。次に2の台にあるブロックを持ち上げ（[2]），時計周りに180度回して（[ア]を

2回），☆印の台に置く（[イ]）。よって，[1]，[ア]，[イ]，[2]，[ア]，[ア]，[イ]，[スタート]の順でボタンをおせばよい。

[**問2**]　映画は平日に2回，土・日・祝日に3回上映される。カレンダーから，8月の開館日は平日が16日，

土・日・祝日が9日あるので，映画の上映は全部で2×16＋3×9＝59（回）である。よって，200×59＝11800（人）

が映画を見ているので，8月のロボット博物館の入場者数は，11800÷$\frac{80}{100}$＝14750（人）である。

5　[**問1**]　学校から古墳までの移動に25分かかり，古墳での見学時間は40分だから，古墳の見学が終わるのは，

9時30分＋25分＋40分＝10時35分である。また，12時－10分＝11時50分までに森林公園北口に着くバスに

乗ればよいから，11時35分に古墳前を出発するバスに乗ればよい。したがって，古墳から寺までの移動時間と

寺での見学時間が，合わせて11時35分－10時35分＝1時間＝60分以内であればよい。

縮尺が$\frac{1}{10000}$の地図で，古墳からお寺までの長さが8cmだから，実際の距離は，8÷$\frac{1}{10000}$＝80000（cm），つまり，

$\frac{80000}{100}$m＝800mである。かずやさんたちは，200mを2分30秒＝2.5分で歩くので，歩く速さは分速（200÷2.5）m＝

分速80mである。よって，古墳から寺までの移動時間は800÷80＝10（分）なので，往復で10＋10＝20（分）となり，

寺での見学時間は，最大で60－20＝40（分）である。

[**問2**]　午後の見学に使えるおこづかいは，1000－120＝880（円）である。移動時間は，森林公園から城までが

10分，城からタワーまでが10分，タワーから小学校までが20分だから，合計で10＋10＋20＝40（分）かかる。

また，小学校にもどる時間が15時から15時30分の間なので，森林公園を出発してからの移動時間と見学時間の

合計は，15時－13時＝2時間＝120分から，120＋30＝150（分）となればよく，見学時間の合計が，120－40＝

80（分）から，150－40＝110（分）の間であればよい。

問題のアからエについて，見学にかかる料金の合計と，見学時間の合計を

まとめると，右表のようになる。表より，料金の合計が880円以下で，見

学時間の合計が80分から110分の間であるのはイとわかる。

	料金の合計（円）	見学時間の合計（分）
ア	450＋500＝950	60＋40＝100
イ	450＋200＝650	60＋25＝85
ウ	300＋500＝800	30＋40＝70
エ	300＋200＝500	30＋25＝55

このときに学校に到着する時刻は，移動時間と見学時間の合計が40分＋85分＝125分＝2時間5分なので，

13時＋2時間5分＝15時5分である。

《解答例》

（例文）

　わたしは、朝食を毎日しっかりとることを呼びかけたいと思います。なぜなら、体調がよくなかった原因のうち、「朝食を食べていなかった」だけでなく、他の問題も同時に解決することができると考えたからです。

　朝食をとらない理由として、起きるのがおそくて時間がない、前日に食べ過ぎて食欲がないということが考えられます。だから、朝食をしっかりとるために早くねれば、「夜おそくまで起きていた」という問題を解決することができ、健康と成長のために大切なすいみんを十分にとることができます。また、朝食をしっかりとれば、むだな間食をしなくなるので、「食べ過ぎたり飲み過ぎたりした」という問題の解決につながると思います。

　さらに、朝食で栄養をとり、体温を上げれば、めんえき力が高まります。すると、「体調がよくない人といっしょにいた」としても、病気にかかりにくくなります。また、朝食から始まる一日の生活リズムを整え、体力が向上すれば、「習いごとなどでいそがしかった」としても、つかれにくくなるはずです。

　このように、朝食をとることは、体調を管理するためにとても重要です。すいみんと朝食をしっかりとっている子どもほど、勉強も運動もよくできると聞いたことがあります。わたしも、朝食をとらずに登校した日に、授業に集中できなかった経験があります。勉強や運動に必要なエネルギー源となり、一日の身体のリズムを整えることにつながる朝食を毎日しっかりとることで、体調をくずさないようにすることができると考えます。

栃木県立中学校

《解答例》

1. [問1]ウ　　[問2]ア，エ，オ

2. [問1]コーン…27　コーンバー…18

   [問2]たかしさんたちの学校名…C　はやとさんが走った区間…4

3. [問1]右図　　[問2]60

4. [問1]イ　※[問2]本日限りの品を2本買う場合

5. [問1]5月24日／6月19日　　[問2]①200　②9

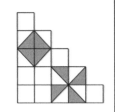

※の理由は解説を参照してください。

《解　説》

1. [問1]　ウ．根が土をしっかりとつかまえて，土が流出しにくくなる。

   [問2]　ア・エ・オ．【栃木県の林業についてわかったこと】において，2段落の「県では人工林の間ばつ以外にもさまざま取り組みをしている…イベントを開いたり，間ばつ材を有効利用して作った机といすを県内の学校におくったりしています」がエの「『とちぎの元気な森づくり』の取り組みの例」と，3段落の「栃木県には50年をこえた人工林が多く残っている」がアの「成長した年数ごとに分けた栃木県の人工林の面積」と，4段落の「木を『植える』，『育てる』，『切り出す』，『使う』をくり返していくことが大切である」がオの「森林資源を利用するイメージ図」と対応している。

2. [問1]　コースに，十字路は右図の○印の2か所，丁字路は右図の□印の5か所あるから，必要なコーンの数は，6×2＋3×5＝27(個)，コーンバーの数は，4×2＋2×5＝18(本)である。

   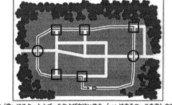

   ※「○」はスタートとゴールおよび中けい地点，「→」は走るコースを表します。

   [問2]　たかしさんたちの学校は，総合記録で優勝できなかったから，総合記録で優勝のB学校ではないとわかる。「区間」の記録を比べると，各区間で最も速かった選手の学校が，1区，3区，5区がB学校，2区がA学校，4区がC学校である。ここまでのことから，たかしさんたちの学校はA学校かC学校であり，はやとさんが走った区間は2区か4区とわかる。はやとさんは，学校の順位を一つ前の区間から三つも上げているから，1区から4区までの学校の順位を整理すると，右表のようになる。したがって，3区の5位から4区で2位まで順位を上げているC学校の4区がはやとさんとわかる。

	1区	2区	3区	4区	5区	総合
A学校	5	3	2	5		
B学校	1	4	1	3		優勝
C学校	2	1	5	2		
D学校	3	2	3	4		
E学校	4	5	4	1		

   単位：位

3. [問2]　図5において，見えている部分にあるブロックの数は，1＋2＋3＋4＋5＝15(個)で，このブロックのそれぞれ3つの面が見えているから，見えている面は全部で15×3＝45(個)ある。この15個のブロックの色がぬられている面は，すべて見える部分にあるから，図5において見えている部分にある面のうち，色紙をはる面は，45－15＝30(個)ある。見えていない後ろ側の部分は，すべての面に色紙をはるから，色紙をはる面は，(1＋2＋3＋4＋5)×2＝30(個)ある。よって，はる色紙は，30＋30＝60(枚)必要となる。

4. [問1]　お母さんが言っていた，金属のなべではなく土なべを使う理由とは，「土なべの方が，金属のなべより冷めにくいから」ということだから，図2の(2)で調べた結果に着目したアかイのどちらかが正答である。アは，内

容は正しいが，鉄とアルミニウムはどちらも金属だから，土なべを使う理由を裏付ける説明にはならない。

[問2]　クーポン券を使うと720mLのおでんのだしが，590－50＝540（円）で買える。本日限りの品を2本買うと400×2＝800（mL）のおでんのだしが，350×2×（1－0.2）＝560（円）で買える。それぞれ1mLあたりの価格を求めると，クーポン券を使った場合が，540÷720＝0.75（円），本日限りの品を2本買う場合が，560÷800＝0.7（円）だから，本日限りの品を2本買う方が安いといえる。

5 [問1]　会話より，なおきさんの当番活動が三つ重なる日が2日あると分かるので，まず最も当番の日がわかりやすい日直当番の日を求める。図3の教室の座席表より，クラスの人数は36人である。日直当番は2人ずつ行うから，36÷2＝18（日）で1周し，なおきさんは4月9日を1日目とすると，26÷2＝13（日目）にはじめて日直当番となる。したがって，なおきさんがはじめて日直当番となるのは，4月25日であり，これ以降18日ごとに日直当番がまわってくるから，2回目は5月24日，3回目は6月19日である。

次に，給食当番について考える。9人ずつだから，36÷9＝4（グループ）が1週間交代で行う。出席番号の13番から9人ずつだから，1グループ目は13番から21番まで，2グループ目は22番から30番までとなり，なおきさんは2グループ目に入るとわかる。したがって，なおきさんが給食当番をやる週は，4月16日の週と5月21日の週と6月18日の週とわかる。

ここまでで，二つの当番が重なっている日が，5月24日と6月19日の2日だから，なおきさんの当番活動が三つ重なる日もこの2日であると言える。

ちなみに，ウサギの飼育当番は，18人で1日に3人ずつ行うから，18÷3＝6（日）で1周し，なおきさんの当番の日は，4月9日，17日，25日，5月8日，16日，24日，6月1日，11日，19日，27日である。

[問2]　5月21日の親ウサギの体重の合計は，1900＋2100＝4000（g）だから，親ウサギ2羽に1日にあたえる固形のえさの量は，4000×0.03＝120（g）である。子ウサギの体重の合計は，520＋530＋550＝1600（g）だから，子ウサギ3羽に1日にあたえる固形のえさの量は，1600×0.05＝80（g）である。

よって，1日に120＋80＝①200（g）の固形のえさが必要となる。

1週間後の5月28日までに，固形のえさを1日に200gずつ5日あたえたから，1週間で200×5＝1000（g）のえさをあたえた。したがって，5月28日の朝に残っている固形のえさの量は，2kg＝2000gより，2000－1000＝1000（g）である。

5月28日の子ウサギの体重の合計は，1600＋84＋76＋80＝1840（g）だから，子ウサギ3羽に1日にあたえる固形のえさの量は，1840×0.05＝92（g）である。したがって，1日にあたえるえさの量は，120＋92＝212（g）だから，1回にあたえるえさの量は，212÷2＝106（g）である。よって，1000÷106＝9余り46より，あと②9回分あるとわかる。

《解答例》

（例文）

　私は、小学校低学年のとき、サッカーボールにつまずいてけがをしたことがあります。走っている時に、サッカーボールが転がってきたのに気付かず、転んでしまったのです。かなりひどくひざをすりむいてしまいました。低学年の子は体も小さいし、運動能力も高学年とはちがいます。やはり低学年の子もいる校庭でサッカーをするのは危険だと思います。

　また、Ａさん達の小学校の図を見ると、サッカーのフィールドが校庭のほとんどをしめ、それ以外の場所がせまくなっています。これでは、他の人は思い切り遊べません。

　そこで私の考えた方法は、サッカーをしていい日と、してはいけない日を決めることです。サッカーは広い面積を必要とするし、ボールの勢いも強いので、サッカーだけで校庭を使える日を決め、それ以外の日はサッカーをすることを禁止します。そうすることで、せまい場所でドッジボールやおにごっこをして、ボールが人に当たったり、花だんに入ってしまったりすることを防ぎます。そして、サッカーをしていい日には体育館を開放し、サッカー以外のことをして遊びたい人は体育館で遊ぶようにします。そうすればサッカーをやりたい人も、そうでない人も、安全に思い切り遊ぶことができます。

　毎日サッカーをできないことに不満を持つ人もいるかもしれませんが、校庭はみんなのものだという考えのもとに、制限をもうける必要があると思います。

《解答例》

1　[問1]81　　[問2]北側のウの列から順に種をまくことで，どの列のトウモロコシにも日が当たりやすくなるから。

2　[問1]エ　　[問2]ウ

3　[問1]「」＝100」は，1分間に4分音ぷを100回打つ速さなので，4分音ぷ一つの音の長さは，60÷100＝0.6秒
　　　　　オルゴールに入れようと考えている部分は，4分音ぷ17個分なので，0.6×17＝10.2秒
　　　　　だから，12秒に入る。
　　[問2]16

4　[問1]プラネタリウム…2　サイエンスショー…4　工作教室…1　ロボット体験教室…2
　　[問2]

□	×	○	△	○	△

5　[問1]右グラフ
　　[問2]金…30　赤…84　青…72

《解　説》

1　[問1]　1つの列を直線，種を植える場所を●で表すと，右図のように，
3m＝(3×100)cm＝300cmの列は，300÷30＝10の区間に分けられる。列の両はしには種を植えないので，1列に
9か所，種を植えることになる。3列なので，9×3＝27(か所)となり，1か所に3つぶ植えるので
3×27＝81(つぶ)必要となる。

[問2]　図4で，午前9時の木と木のかげの関係を見ると，図4の上側が南で，北に向かって順にア，イ，ウの位置
だとわかる。1列ずつ種をまく場合，もっとも北のウから先にまき始め，イ，ウの順に南側へと時期に差をつけなが
ら種をまいていけば，北にまいたものほど背が高くなる。こうすることで，先にまいたものが後からまいたものに日
光をさえぎられずにすみ，また，後からまいたものが先にまいたもののかげになることもないので，すべてのトウモ
ロコシにまんべんなく日光があたり，全体的によく育つ。

2　[問1]　栃木県の総人口がわからないと，高れい者の人口数が増えたかどうかはわからない。例えば，2010年の総
人口が2000万人だと高れい者は$2000×\frac{22}{100}$＝440(万人)，2016年の総人口が1600万人だと高れい者は$1600×\frac{26}{100}$＝
416(万人)となり，2010年の方が多くなる。

[問2]　図2の3枚の写真をみると，高い位置と低い位置の2か所に設置されていることがわかる。低い位置にある
洗面台やエレベーターのボタンは，身長の低い子どもや車いすを使用する人でも手の届きやすいデザインに工夫され
ている。

3　[問1]　「とちぎけん　われらの　われらの　ふるさと」の歌詞の部分は，8分音ぷ2個分と4小節の長さである。
8分音ぷは4分音ぷ0.5個分の長さなので，8分音ぷ2個分は4分音ぷ1個分の長さである。また，この楽ふは

4分の4拍子なので，1小節は4分音ぷ4個分の長さである。よって，オルゴールに入れようと思っている部分の長さは，4分音ぷが1＋4×4＝17(個分)の長さとわかる。

[問2]　まず，はなびらの部分は図Aの太線と点線の円をそれぞれ6回ずつずらしてかけばよい。それ以外の部分は図Bの太線の真ん中を中心とした円1つと，点線の円をかけばよい。よって，全部で(2×6)＋1＋3＝16(個)の円からできているので，コンパスの針をさす場所は16か所である。

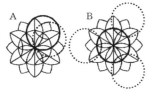

4 [問1]　ロボット体験教室の第1回は，12:00に終わるので，移動時間10分を考えると，12:00からの昼食に間に合わない。よって，ロボット体験教室は第2回に参加する。また，工作教室の第3回は16:10に終わるので，班活動の終了時間に間に合わない。工作教室の第2回と，ロボット教室の第2回は始まる時間が同じなので，工作教室は第1回に参加する。ここまでを表にまとめると，上表の太字になる。残りはプラネタリウムとサイエンスショーだが，サイエンスショーの第2回は12:00に終わるので昼食に間に合わないから，第4回に参加する。よって，プラネタリウムは第2回に参加する。それぞれイベントの間に10分以上あるので，移動も間に合う。

工作教室(第1回)	10:10～11:00
プラネタリウム(第2回)	11:10～11:50
昼食	12:00～13:00
ロボット体験教室(第2回)	13:40～14:40
サイエンスショー(第4回)	15:00～15:30

[問2]　時計回りに90度回転するときは同時に1マス進むが，反時計回りに90度，つまり時計回りに270度回転するときは，その場で回転するだけで進まないことに注意して，6回の操作で行けるルートを探すと右図のようなコースが見つかる。
このときに押すボタンを考えると，□×○△○△で6回押せばよい。

5 [問1]　時計の文字ばんは12等分されているので，1目盛り36÷12＝3(人)分でグラフにできる。よって，「未来へ」は12÷3＝4なので，目盛り4つ分とわかる。他の曲も同じように考えると，「旅立ちの日に」は3つ分，「つばさをください」は2つ分，「ビリーヴ」は2つ分，「手紙」は1つ分となる。

[問2]　2種類の輪かざり1本ずつの2本で使う輪の数は，金が5個，赤が2＋5＝7(個)，青が6個である。72本ずつ作るので，輪の数は全部で，金が5×72＝360(個)，赤が7×72＝504(個)，青が6×72＝432(個)となる。折り紙1枚で6個の輪が作れるので，必要な折り紙の枚数は，金が360÷6＝60(枚)，赤が504÷6＝84(枚)，青が432÷6＝72(枚)である。金は30枚あったので，用意してもらう分は60－30＝30(枚)である。

《解答例》

（例文）

　　私が生活の中で、捨てられる食品を減らすためにできることは、食べ残しをしないことです。私は好ききらいが多いので、レストランなどでも残してしまうことがあります。今までは、店員さんがお皿をさげる時も何も思わなかったのですが、それがごみになっていることを、資料を見て実感しました。

　　また、家族にも捨てられている食品の量が多いことを伝え、ごみにならないようにみんなで努力したいです。以前、祖母の料理の手伝いをした時、大根の葉を捨てようとしたら、「葉っぱはおみそしるに入れるから、とっておいて。」と言われました。このように、食材をあますことなく使うようにすれば、ごみを減らせると思います。他の食材についても、いつもは捨ててしまう部分を生かす調理法を、インターネットなどを使って調べ、母といっしょに料理したいです。

　　また、そのような調理法を、クラスでグループを作って発表するようにすれば、さらに捨てられる食品を減らすことができると思います。自分が知らなかった調理法を知ることができるし、食品を大切にしようという意識が高まれば、食べ残しをする人も減ると思うからです。

　　「世界にはうえに苦しむ人がいる。」と聞いても、自分はだいじょうぶだと思っている人が多いと思います。しかし、食料自給率の低い日本も、世界情勢によっては、食料不足になることがあるかもしれません。だから、日ごろから食品をむだにしないように努力することは大切だと思います。

《解答例》

1　[問1]ア　　[問2]ロールパン　　（　　）個　　　　　合計金額…570
　　　　　　　　　コッペパン　　　（　2　）個
　　　　　　　　　クロワッサン　　（　　）個
　　　　　　　　　Aセット　　　　（　1　）セット
　　　　　　　　　Bセット　　　　（　　）セット
　　　　　　　　　Cセット　　　　（　1　）セット

2　[問1]8，10　　[問2]6

3　[問1]ウ，ク，ケ　　[問2]ウ

4　[問1]地球…ピンポン玉　　月…ビー玉　　[問2]ウ，エ

5　[問1]エ

　　[問2]5／求め方…新しいエアコンを買ったときの代金と，今のエアコンを修理したときの代金の差は，

　　　　　　　　110000－50000＝60000（円）

　　　　　　　　今のエアコンの年間の電気代を□円とすると，新しいエアコンの年間の電気代は，40％安く

　　　　　　　　なっているから，□×（1－0.4）＝18000（円）　□＝30000（円）

　　　　　　　　年間の電気代の差は，30000－18000＝12000（円）

　　　　　　　　よって，新しいエアコンに買いかえる場合と修理して使い続ける場合の金額が同じになるのは，

　　　　　　　60000÷12000＝5

　　　　　　　答えは，5年間となります。

《解　説》

1　[問1]　AやDがわからなくても，BとCだけで答えをしぼることができる。サラダの材料は「おもに体の調子を
整えるもとになる食品」だから，Bからはアかエとわかる。主食をパン，おかずをじゃがいもの粉ふきいもにしよ
うとしていて，それらは「おもにエネルギーのもとになる食品」だから，Cには「体をつくる」が入ればよい。よ
って，アが正しい。
　[問2]　セットの1個あたりの値段を調べると，セットAは1個あたり170÷3＝56.6…（円），セットBは1個あ
たり220÷3＝73.3…（円），セットCは1個あたり240÷3＝80（円）だから，すべてのセットについて，1個ずつ
ばらばらに3個買うよりも，セットの方が安いとわかる。したがって，なるべくセットで買うようにした方が合計
金額が安くなる。3種類のパンそれぞれ2個以上で，合計8個買うためには，2種類のセットを1セットずつと，
残りの1種類を2個買えばよい。そのような買い方は以下のように3通りあり，合計金額を比べる。
AセットとBセットを1セットずつと，クロワッサン2個　→　合計金額170＋220＋100×2＝590（円）
AセットとCセットを1セットずつと，コッペパン2個　→　合計金額170＋240＋80×2＝570（円）…⑦
BセットとCセットを1セットずつと，ロールパン2個　→　合計金額220＋240＋60×2＝580（円）
よって，合計金額が一番安いのは⑦の買い方である。

2　[問1]　県民球場に 9:00〜9:30 にとう着するためには，B駅に 8:45〜9:15 にとう着すればよい。そのためには，A駅を 8:25〜8:55 に発車する電車に乗ればよいので，8:40 にA駅を発車する電車に乗ればよいとわかる。バス停からA駅まで歩くのと切ぷを買うのに 2＋5＝7（分）かかるから，8:40 の電車に乗るためには 8:33 にはバス停に着いていなければならないので，8:23 より前にバスに乗らなければならない。

よって，最もおそくて 8 時 10 分発のバスに乗ればよい。

[問2]　電話をするとき，図2で上に名前がある方から先に連らくしていくとすると，右図のCが最後に連らくを受ける。

まさるさんが電話をかけ始めたときから数えると，A，B，Cが連らくを聞き終える時間はそれぞれ，2分後，4分後，6分後だから，求める時間は6分である。

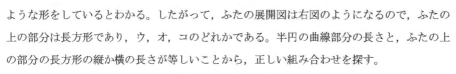

3　[問1]　ふたの横の部分はア，イ，ク，ケのどれかであり，どれであっても半円の形をしているから，ふた全体で，円柱を半分にしたような形をしているとわかる。したがって，ふたの展開図は右図のようになるので，ふたの上の部分は長方形であり，ウ，オ，コのどれかである。半円の曲線部分の長さと，ふたの上の部分の長方形の縦か横の長さが等しいことから，正しい組み合わせを探す。

アとイはともに直径が8の半円だから，曲線部分の長さは，8 ×3.14÷2＝12.56

クとケはともに直径が6の半円だから，曲線部分の長さは，6 ×3.14÷2＝9.42

ウは縦が8，横が約9.5，オは縦が8，横が5，コは縦が8，横が約6.5である。

よって，ク，ケの曲線部分とウの横の長さが等しいと判断できるので，ふたを作るための部品はウ，ク，ケである。

[問2]　「卒」の字が書かれていることから，図4のサイコロはまん中のサイコロとわかる。①から⑤までの転がし方に合わせて，図4のサイコロの展開図をかいていけばよい。①から②への転がし方から，右図アがかける。同じように，⑤までの転がし方から順に右図イ，ウ，エがかける。立方体は1つの頂点に3つの面が集まり，点aには「卒」と「で」と「ぞ」の3つの面が集まっているから，これら3つの面はたがいにとなりあうとわかる。したがって，図エを右図オのように変形できるので，Aの面には「ぞ」が書かれるとわかる。なお，1つのサイコロには5文字しか書かれないので，何も書かれない面が1つある。

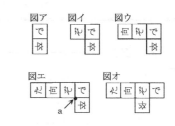

4　[問1]　表1より，地球の半径は月の半径の，およそ 6378.1÷1737.4＝3.671…→3.67 倍である。図の5つのボールの直径より，地球をピンポン玉，月をビー玉と考えると，4.0÷1.2＝3.333…→3.33 倍となって最も近くなる。

[問2]　表2より，太陽の半径は月の半径のおよそ 696000÷1737.4＝400.59…→400.6 倍，地球から太陽までのきょりは，地球から月までのきょりのおよそ 1 億 4960 万km÷38 万km＝393.68…→393.7 倍である。つまり，太陽は大きいが遠くに，月は小さいが近くにあり，太陽と月の半径の比と地球からのきょりの比がほぼ等しいため，地球から見て同じくらいの大きさに見えている。

5　[問1]　ア〜ウについて，カラーテレビ・洗たく機・エアコンについての記述はいずれも正しく，電気についての記述がいずれも間違っている。1980 年代以降，電気の使用量は増加傾向にあり，その傾向は 1990 年を基準にした後も変わっていない。また，1970 年の電気使用量は約 120kWh，2000 年の電気使用量は約 300kWh なので，300÷120＝2.5(倍)より，3倍は超えていない。

《解答例》

(例文)

　私は、小学校の裏にある山のごみ拾いと草むしりを提案します。この山は、小学校のすぐそばにあり、私たちにとって身近な存在です。マラソン大会のコースの一部になっているし、理科の授業で植物の観察をしに出かけたこともあります。また、保育園の子どもたちが遠足で登ったり、家族連れが散歩をしたりして、地域の人たちにも親しまれています。

　しかし、山道のわきの草むらにペットボトルや、おかしのふくろなどのごみが捨てられているのが問題になっています。以前、近所の人が、犬の散歩に行くと、犬が落ちているごみを食べそうになることがあって困ると言っていました。このような不安をなくし、地域の人みんなが安心して、気持ちよく山を利用できるように、ごみ拾いをしたいと思います。夏になると道路わきの草がのびてきて、通行のじゃまになることがあるので、草むしりも必要だと思います。

　また、この活動を通して、仲間と協力して物事に取り組む上で大切なことを学べると思います。山を清そうするとなれば、自分のやりたいことだけをやっても終わりません。だれがどの場所を担当するか、ごみ拾いをするのか草むしりをするのかなど、あらかじめ決めておかなければならないと思います。その中で、仕事に取り組む前に計画を立てることの重要性が分かると思います。また実際に作業が始まったら、おたがいに声をかけあいながら進めることが必要になります。それによって、協調性も身に付くと思います。

■ ご使用にあたってのお願い・ご注意

（1）問題文等の非掲載

　著作権上の都合により，問題文や図表などの一部を掲載できない場合があります。

　誠に申し訳ございませんが，ご了承くださいますようお願いいたします。

（2）過去問における時事性

　過去問題集は，学習指導要領の改訂や社会状況の変化，新たな発見などにより，現在とは異なる表記や解説になっている場合があります。過去問の特性上，出題当時のままで出版していますので，あらかじめご了承ください。

（3）配点

　学校等から配点が公表されている場合は，記載しています。公表されていない場合は，記載していません。

　独自の予想配点は，出題者の意図と異なる場合があり，お客様が学習するうえで誤った判断をしてしまう恐れがあるため記載していません。

（4）無断複製等の禁止

　購入された個人のお客様が，ご家庭でご自身またはご家族の学習のためにコピーをすることは可能ですが，それ以外の目的でコピー，スキャン，転載（ブログ，ＳＮＳなどでの公開を含みます）などをすることは法律により禁止されています。学校や学習塾などで，児童生徒のためにコピーをして使用することも法律により禁止されています。

　ご不明な点や，違法な疑いのある行為を確認された場合は，弊社までご連絡ください。

（5）けがに注意

　この問題集は針を外して使用します。針を外すときは，けがをしないように注意してください。また，表紙カバーや問題用紙の端で手指を傷つけないように十分注意してください。

（6）正誤

　制作には万全を期しておりますが，万が一誤りなどがございましたら，弊社までご連絡ください。

　なお，誤りが判明した場合は，弊社ウェブサイトの「ご購入者様のページ」に掲載しておりますので，そちらもご確認ください。

■ お問い合わせ

　解答例，解説，印刷，製本など，問題集発行におけるすべての責任は弊社にあります。

　ご不明な点がございましたら，弊社ウェブサイトの「お問い合わせ」フォームよりご連絡ください。迅速に対応いたしますが，営業日の都合で回答に数日を要する場合があります。

　ご入力いただいたメールアドレス宛に自動返信メールをお送りしています。自動返信メールが届かない場合は，「よくある質問」の「メールの問い合わせに対し返信がありません。」の項目をご確認ください。

　また弊社営業日（平日）は，午前9時から午後5時まで，電話でのお問い合わせも受け付けています。

2025 春

株式会社教英出版

〒422-8054　静岡県静岡市駿河区南安倍3丁目 12-28

TEL　054-288-2131　　FAX　054-288-2133

URL　https://kyoei-syuppan.net/

MAIL　siteform@kyoei-syuppan.net

教英出版　2025年春受験用　中学入試問題集

学校別問題集
★はカラー問題対応

北　海　道
① [市立]札幌開成中等教育学校
② 藤　女　子　中　学　校
③ 北　嶺　中　学　校
④ 北星学園女子中学校
⑤ 札　幌　大　谷　中　学　校
⑥ 札　幌　光　星　中　学　校
⑦ 立　命　館　慶　祥　中　学　校
⑧ 函館ラ・サール中学校

青　森　県
① [県立]三本木高等学校附属中学校

岩　手　県
① [県立]一関第一高等学校附属中学校

宮　城　県
① [県立]宮城県古川黎明中学校
② [県立]宮城県仙台二華中学校
③ [市立]仙台青陵中等教育学校
④ 東　北　学　院　中　学　校
⑤ 仙台白百合学園中学校
⑥ 聖ウルスラ学院英智中学校
⑦ 宮　城　学　院　中　学　校
⑧ 秀　光　中　学　校
⑨ 古　川　学　園　中　学　校

秋　田　県
① [県立]　大館国際情報学院中学校
　　　　　秋田南高等学校中等部
　　　　　横手清陵学院中学校

山　形　県
① [県立]　東桜学館中学校
　　　　　致道館中学校

福　島　県
① [県立]　会津学鳳中学校
　　　　　ふたば未来学園中学校

茨　城　県
① [県立]　日立第一高等学校附属中学校
　　　　　太田第一高等学校附属中学校
　　　　　水戸第一高等学校附属中学校
　　　　　鉾田第一高等学校附属中学校
　　　　　鹿島高等学校附属中学校
　　　　　土浦第一高等学校附属中学校
　　　　　竜ヶ崎第一高等学校附属中学校
　　　　　下館第一高等学校附属中学校
　　　　　下妻第一高等学校附属中学校
　　　　　水海道第一高等学校附属中学校
　　　　　勝田中等教育学校
　　　　　並木中等教育学校
　　　　　古河中等教育学校

栃　木　県
① [県立]　宇都宮東高等学校附属中学校
　　　　　佐野高等学校附属中学校
　　　　　矢板東高等学校附属中学校

群　馬　県
① 　[県立]中央中等教育学校
　 [市立]四ツ葉学園中等教育学校
　 [市立]太　田　中　学　校

埼　玉　県
① [県立]伊　奈　学　園　中　学　校
② [市立]浦　和　中　学　校
③ [市立]大宮国際中等教育学校
④ [市立]川口市立高等学校附属中学校

千　葉　県
① [県立]　千　葉　中　学　校
　　　　　東　葛　飾　中　学　校
② [市立]稲毛国際中等教育学校

東　京　都
① [国立]筑波大学附属駒場中学校
② [都立]白鷗高等学校附属中学校
③ [都立]桜修館中等教育学校
④ [都立]小石川中等教育学校
⑤ [都立]両国高等学校附属中学校
⑥ [都立]立川国際中等教育学校
⑦ [都立]武蔵高等学校附属中学校
⑧ [都立]大泉高等学校附属中学校
⑨ [都立]富士高等学校附属中学校
⑩ [都立]三　鷹　中　等　教　育　学　校
⑪ [都立]南多摩中等教育学校
⑫ [区立]九　段　中　等　教　育　学　校
⑬ 開　成　中　学　校
⑭ 麻　布　中　学　校
⑮ 桜　蔭　中　学　校
⑯ 女　子　学　院　中　学　校
★⑰ 豊島岡女子学園中学校
⑱ 東京都市大学等々力中学校
⑲ 世　田　谷　学　園　中　学　校
★⑳ 広尾学園中学校(第2回)
★㉑ 広尾学園中学校(医進・サイエンス回)
㉒ 渋谷教育学園渋谷中学校(第1回)
㉓ 渋谷教育学園渋谷中学校(第2回)
㉔ 東京農業大学第一高等学校中等部
　　 (2月1日 午後)
㉕ 東京農業大学第一高等学校中等部
　　 (2月2日 午後)

神 奈 川 県

- ①[県立] 相模原中等教育学校／平塚中等教育学校
- ②[市立] 南高等学校附属中学校
- ③[市立] 横浜サイエンスフロンティア高等学校附属中学校
- ④[市立] 川崎高等学校附属中学校
- ★⑤聖 光 学 院 中 学 校
- ★⑥浅 野 中 学 校
- ⑦洗 足 学 園 中 学 校
- ⑧法 政 大 学 第 二 中 学 校
- ⑨逗 子 開 成 中 学 校（1次）
- ⑩逗 子 開 成 中 学 校（2・3次）
- ⑪神奈川大学附属中学校（第1回）
- ⑫神奈川大学附属中学校（第2・3回）
- ⑬栄 光 学 園 中 学 校
- ⑭フェリス女学院中学校

新 潟 県

- ①[県立] 村上中等教育学校／柏崎翔洋中等教育学校／燕中等教育学校／津南中等教育学校／直江津中等教育学校／佐渡中等教育学校
- ②[市立] 高志中等教育学校
- ③新 潟 第 一 中 学 校
- ④新 潟 明 訓 中 学 校

石 川 県

- ①[県立] 金 沢 錦 丘 中 学 校
- ②星 稜 中 学 校

福 井 県

- ①[県立] 高 志 中 学 校

山 梨 県

- ①山 梨 英 和 中 学 校
- ②山 梨 学 院 中 学 校
- ③駿 台 甲 府 中 学 校

長 野 県

- ①[県立] 屋代高等学校附属中学校／諏訪清陵高等学校附属中学校
- ②[市立] 長 野 中 学 校

岐 阜 県

- ①岐 阜 東 中 学 校
- ②鶯 谷 中 学 校
- ③岐阜聖徳学園大学附属中学校

静 岡 県

- ①[国立] 静岡大学教育学部附属中学校（静岡・島田・浜松）
- ②[県立] 清水南高等学校中等部／[県立] 浜松西高等学校中等部／[市立] 沼津高等学校中等部
- ③不二聖心女子学院中学校
- ④日 本 大 学 三 島 中 学 校
- ⑤加 藤 学 園 暁 秀 中 学 校
- ⑥星 陵 中 学 校
- ⑦東海大学付属静岡翔洋高等学校中等部
- ⑧静 岡 サ レ ジ オ 中 学 校
- ⑨静 岡 英 和 女 学 院 中 学 校
- ⑩静 岡 雙 葉 中 学 校
- ⑪静 岡 聖 光 学 院 中 学 校
- ⑫静 岡 学 園 中 学 校
- ⑬静 岡 大 成 中 学 校
- ⑭城 南 静 岡 中 学 校
- ⑮静 岡 北 中 学 校
- ⑯常葉大学附属常葉中学校／常葉大学附属橘中学校／常葉大学附属菊川中学校
- ⑰藤 枝 明 誠 中 学 校
- ⑱浜 松 開 誠 館 中 学 校
- ⑲静岡県西遠女子学園中学校
- ⑳浜 松 日 体 中 学 校
- ㉑浜 松 学 芸 中 学 校

愛 知 県

- ①[国立] 愛知教育大学附属名古屋中学校
- ②愛 知 淑 徳 中 学 校
- ③名古屋経済大学市邨中学校／名古屋経済大学高蔵中学校
- ④金 城 学 院 中 学 校
- ⑤椙 山 女 学 園 中 学 校
- ⑥東 海 中 学 校
- ⑦南 山 中 学 校 男 子 部
- ⑧南 山 中 学 校 女 子 部
- ⑨聖 霊 中 学 校
- ⑩滝 中 学 校
- ⑪名 古 屋 中 学 校
- ⑫大 成 中 学 校

愛 知 中 学 校（承前）

- ⑬愛 知 中 学 校
- ⑭星 城 中 学 校
- ⑮名古屋葵大学中学校（名古屋女子大学中学校）
- ⑯愛知工業大学名電中学校
- ⑰海陽中等教育学校（特別給費生）
- ⑱海陽中等教育学校（Ⅰ・Ⅱ）
- ⑲中部大学春日丘中学校
- 新刊⑳名 古 屋 国 際 中 学 校

三 重 県

- ①[国立] 三重大学教育学部附属中学校
- ②暁 中 学 校
- ③海 星 中 学 校
- ④四日市メリノール学院中学校
- ⑤高 田 中 学 校
- ⑥セントヨゼフ女子学園中学校
- ⑦三 重 中 学 校
- ⑧皇 學 館 中 学 校
- ⑨鈴 鹿 中 等 教 育 学 校
- ⑩津 田 学 園 中 学 校

滋 賀 県

- ①[国立] 滋賀大学教育学部附属中学校
- ②[県立] 河 瀬 中 学 校／守 山 中 学 校／水 口 東 中 学 校

京 都 府

- ①[国立] 京都教育大学附属桃山中学校
- ②[府立] 洛北高等学校附属中学校
- ③[府立] 園部高等学校附属中学校
- ④[府立] 福知山高等学校附属中学校
- ⑤[府立] 南陽高等学校附属中学校
- ⑥[市立] 西京高等学校附属中学校
- ⑦同 志 社 中 学 校
- ⑧洛 星 中 学 校
- ⑨洛南高等学校附属中学校
- ⑩立 命 館 中 学 校
- ⑪同 志 社 国 際 中 学 校
- ⑫同志社女子中学校（前期日程）
- ⑬同志社女子中学校（後期日程）

大 阪 府

- ①[国立] 大阪教育大学附属天王寺中学校
- ②[国立] 大阪教育大学附属平野中学校
- ③[国立] 大阪教育大学附属池田中学校

④[府立]富田林中学校
⑤[府立]咲くやこの花中学校
⑥[府立]水都国際中学校
⑦清風中学校
⑧高槻中学校（A日程）
⑨高槻中学校（B日程）
⑩明星中学校
⑪大阪女学院中学校
⑫大谷中学校
⑬四天王寺中学校
⑭帝塚山学院中学校
⑮大阪国際中学校
⑯大阪桐蔭中学校
⑰開明中学校
⑱関西大学第一中学校
⑲近畿大学附属中学校
⑳金蘭千里中学校
㉑金光八尾中学校
㉒清風南海中学校
㉓帝塚山学院泉ヶ丘中学校
㉔同志社香里中学校
㉕初芝立命館中学校
㉖関西大学中等部
㉗大阪星光学院中学校

兵　庫　県
①[国立]神戸大学附属中等教育学校
②[県立]兵庫県立大学附属中学校
③雲雀丘学園中学校
④関西学院中学部
⑤神戸女学院中学部
⑥甲陽学院中学校
⑦甲南中学校
⑧甲南女子中学校
⑨灘中学校
⑩親和中学校
⑪神戸海星女子学院中学校
⑫滝川中学校
⑬啓明学院中学校
⑭三田学園中学校
⑮淳心学院中学校
⑯仁川学院中学校
⑰六甲学院中学校
⑱須磨学園中学校（第1回入試）
⑲須磨学園中学校（第2回入試）
⑳須磨学園中学校（第3回入試）
㉑白陵中学校

㉒夙川中学校

奈　良　県
①[国立]奈良女子大学附属中等教育学校
②[国立]奈良教育大学附属中学校
③[県立]国際中学校
　　　 青翔中学校
④[市立]一条高等学校附属中学校
⑤帝塚山中学校
⑥東大寺学園中学校
⑦奈良学園中学校
⑧西大和学園中学校

和　歌　山　県
①[県立]古佐田丘中学校
　　　 向陽中学校
　　　 桐蔭中学校
　　　 日高高等学校附属中学校
　　　 田辺中学校
②智辯学園和歌山中学校
③近畿大学附属和歌山中学校
④開智中学校

岡　山　県
①[県立]岡山操山中学校
②[県立]倉敷天城中学校
③[県立]岡山大安寺中等教育学校
④[県立]津山中学校
⑤岡山中学校
⑥清心中学校
⑦岡山白陵中学校
⑧金光学園中学校
⑨就実中学校
⑩岡山理科大学附属中学校
⑪山陽学園中学校

広　島　県
①[国立]広島大学附属中学校
②[国立]広島大学附属福山中学校
③[県立]広島中学校
④[県立]三次中学校
⑤[県立]広島叡智学園中学校
⑥[市立]広島中等教育学校
⑦[市立]福山中学校
⑧広島学院中学校
⑨広島女学院中学校
⑩修道中学校

⑪崇徳中学校
⑫比治山女子中学校
⑬福山暁の星女子中学校
⑭安田女子中学校
⑮広島なぎさ中学校
⑯広島城北中学校
⑰近畿大学附属広島中学校福山校
⑱盈進中学校
⑲如水館中学校
⑳ノートルダム清心中学校
㉑銀河学院中学校
㉒近畿大学附属広島中学校東広島校
㉓AICJ中学校
㉔広島国際学院中学校
㉕広島修道大学ひろしま協創中学校

山　口　県
①[県立]下関中等教育学校
　　　 高森みどり中学校
②野田学園中学校

徳　島　県
①[県立]富岡東中学校
　　　 川島中学校
　　　 城ノ内中等教育学校
②徳島文理中学校

香　川　県
①大手前丸亀中学校
②香川誠陵中学校

愛　媛　県
①[県立]今治東中等教育学校
　　　 松山西中等教育学校
②愛光中学校
③済美平成中等教育学校
④新田青雲中等教育学校

高　知　県
①[県立]安芸中学校
　　　 高知国際中学校
　　　 中村中学校

福岡県

① [国立] 福岡教育大学附属中学校
（福岡・小倉・久留米）

② [県立]
- 育徳館中学校
- 門司学園中学校
- 宗像中学校
- 嘉穂高等学校附属中学校
- 輝翔館中等教育学校

③ 西南学院中学校
④ 上智福岡中学校
⑤ 福岡女学院中学校
⑥ 福岡雙葉中学校
⑦ 照曜館中学校
⑧ 筑紫女学園中学校
⑨ 敬愛中学校
⑩ 久留米大学附設中学校
⑪ 飯塚日新館中学校
⑫ 明治学園中学校
⑬ 小倉日新館中学校
⑭ 久留米信愛中学校
⑮ 中村学園女子中学校
⑯ 福岡大学附属大濠中学校
⑰ 筑陽学園中学校
⑱ 九州国際大学付属中学校
⑲ 博多女子中学校
⑳ 東福岡自彊館中学校
㉑ 八女学院中学校

佐賀県

① [県立]
- 香楠中学校
- 致遠館中学校
- 唐津東中学校
- 武雄青陵中学校

② 弘学館中学校
③ 東明館中学校
④ 佐賀清和中学校
⑤ 成穎中学校
⑥ 早稲田佐賀中学校

長崎県

① [県立]
- 長崎東中学校
- 佐世保北中学校
- 諫早高等学校附属中学校

② 青雲中学校
③ 長崎南山中学校
④ 長崎日本大学中学校
⑤ 海星中学校

熊本県

① [県立]
- 玉名高等学校附属中学校
- 宇土中学校
- 八代中学校

② 真和中学校
③ 九州学院中学校
④ ルーテル学院中学校
⑤ 熊本信愛女学院中学校
⑥ 熊本マリスト学園中学校
⑦ 熊本学園大学付属中学校

大分県

① [県立] 大分豊府中学校
② 岩田中学校

宮崎県

① [県立] 五ヶ瀬中等教育学校

② [県立]
- 宮崎西高等学校附属中学校
- 都城泉ヶ丘高等学校附属中学校

③ 宮崎日本大学中学校
④ 日向学院中学校
⑤ 宮崎第一中学校

鹿児島県

① [県立] 楠隼中学校
② [市立] 鹿児島玉龍中学校
③ 鹿児島修学館中学校
④ ラ・サール中学校
⑤ 志學館中等部

沖縄県

① [県立]
- 与勝緑が丘中学校
- 開邦中学校
- 球陽中学校
- 名護高等学校附属桜中学校

もっと過去問シリーズ

北海道

北嶺中学校
7年分（算数・理科・社会）

静岡県

静岡大学教育学部附属中学校
（静岡・島田・浜松）
10年分（算数）

愛知県

愛知淑徳中学校
7年分（算数・理科・社会）
東海中学校
7年分（算数・理科・社会）
南山中学校男子部
7年分（算数・理科・社会）
南山中学校女子部
7年分（算数・理科・社会）
滝中学校
7年分（算数・理科・社会）
名古屋中学校
7年分（算数・理科・社会）

岡山県

岡山白陵中学校
7年分（算数・理科）

広島県

広島大学附属中学校
7年分（算数・理科・社会）
広島大学附属福山中学校
7年分（算数・理科・社会）
広島学院中学校
7年分（算数・理科・社会）
広島女学院中学校
7年分（算数・理科・社会）
修道中学校
7年分（算数・理科・社会）
ノートルダム清心中学校
7年分（算数・理科・社会）

愛媛県

愛光中学校
7年分（算数・理科・社会）

福岡県

福岡教育大学附属中学校
（福岡・小倉・久留米）
7年分（算数・理科・社会）
西南学院中学校
7年分（算数・理科・社会）
久留米大学附設中学校
7年分（算数・理科・社会）
福岡大学附属大濠中学校
7年分（算数・理科・社会）

佐賀県

早稲田佐賀中学校
7年分（算数・理科・社会）

長崎県

青雲中学校
7年分（算数・理科・社会）

鹿児島県

ラ・サール中学校
7年分（算数・理科・社会）

※もっと過去問シリーズは
　国語の収録はありません。

K 教英出版

〒422-8054
静岡県静岡市駿河区南安倍3丁目12-28
TEL 054-288-2131
FAX 054-288-2133

詳しくは教英出版で検索

教英出版　　検索

URL https://kyoei-syuppan.net/

令和6年度県立中学校入学者選考問題

適性検査

注　意

1　「始めなさい」の合図があるまでは，開いてはいけません。

2　検査時間は，9時50分から10時40分までの50分間です。

3　問題は 1 ，2 ，3 ，4 ，5 で，表紙を除いて13ページです。
　また，別に解答用紙が2枚あります。

4　「始めなさい」の合図があったら，すぐに受検番号をこの表紙と解答用紙
　【1】，【2】の決められたらんに書きなさい。

5　答えは，必ず解答用紙の決められたらんに書きなさい。

6　「やめなさい」の合図があったら，すぐやめて，筆記用具を置きなさい。

宇都宮東高等学校附属中学校
佐野高等学校附属中学校
矢板東高等学校附属中学校

受　検　番　号		番

K 教英出版

1　図書委員のしおりさんたちは，１０月の読書週間に，学校図書館でたくさん本を借りてもらえるような企画を考えています。

しおり：　読書週間では，みんなに今よりもっとたくさんの本を読んでもらいたいね。
ふみか：　私たちの学校図書館の本の貸出冊数は，どれくらいなのかな。

　　　　しおりさんたちは，先生に次のような資料（図1）を見せてもらいました。

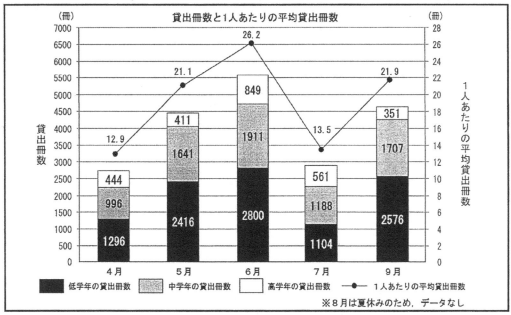

図1　先生が見せてくれた資料

ふみか：　貸出冊数が５０００冊以上ある月があるよ。
しおり：　その月は，図書集会があって，みんなに図書館で本を借りてくださいと呼びかけをしたからかな。
まなぶ：　月ごとの貸出冊数には，ばらつきがあるね。
しおり：　そうだね。ほかには，どんなことが分かるかな。

[問1]　図1の資料から分かることとして適切なものを，次のアからエの中から一つ選び，記号で答えなさい。

　ア　１人あたりの平均貸出冊数と，低学年，中学年，高学年それぞれの本の貸出冊数が，４月から６月にかけて増え続けている。

　イ　１人あたりの平均貸出冊数が最も少ない月は，低学年，中学年，高学年ともに貸出冊数も最も少ない。

　ウ　６月の１人あたりの平均貸出冊数は，４月の１人あたりの平均貸出冊数の２倍以上になっている。

　エ　どの月も，本の貸出冊数が最も多いのは低学年であり，最も少ないのは高学年である。

- 1 -

しおりさんたちは，読書週間の企画（きかく）で，学校図書館の配置図（図2）を見ながら，A，B，C，Dのそれぞれの場所にどのようなものを置くか，話し合っています。

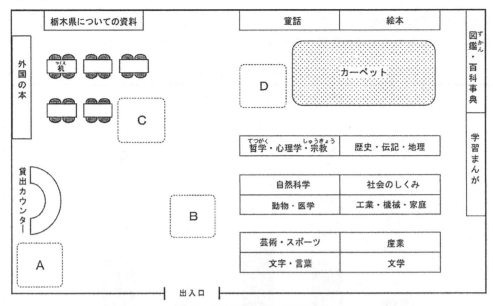

図2　学校図書館の配置図

しおり：　A，B，C，Dのそれぞれの場所に，読書週間のポスターをはる掲示板（けいじばん）やおすすめの本を置きたいな。

ふみか：　いいね。おすすめの本は，みんなが好きな種類の本にしよう。

しおり：　そうだね。みんなはどんな種類の本が好きなんだろう。

まなぶ：　インターネットで調べてみたら，小学生が好きな本の種類に関する資料を見つけたよ。その中から，好きと答えた人が多かった本の種類を，低学年，中学年，高学年ごとにまとめてみたよ（図3）。これを参考にして考えてみよう。

小学生が好きな本の種類			
好きな本の種類	低学年	中学年	高学年
まんが・コミックス	72 人	133 人	152 人
アニメ	94 人	102 人	96 人
絵本	106 人	38 人	10 人
図鑑（ずかん）	71 人	54 人	21 人
探偵（たんてい）もの・推理（すいり）もの	29 人	59 人	52 人
ファッション・おしゃれ	45 人	39 人	50 人
学習まんが	41 人	51 人	37 人
歴史まんが	23 人	45 人	52 人
ファンタジー	27 人	41 人	50 人

図3　まなぶさんがまとめた表

（学研教育総合研究所「2016年小学生白書『小学生の生活・学習・グローバル意識に関する調査』（好きな本・雑誌（ざっし）のジャンル）」をもとに作成）

ふみか： 低学年は，昼休みに学校図書館の奥のカーペットでよく読書をしているから，その近くの場所に低学年が一番好きな種類のおすすめの本を置いたらどうかな。

しおり： 近くには，その種類の本だなもあるし，そう決めよう。ほかの学年はどうかな。

まなぶ： ぼくがまとめた表では，中学年と高学年が一番好きな種類の本は，「まんが・コミックス」だけど，ぼくたちの学校図書館には置いてないから，おすすめの本にできないね。

ふみか： そうだね。ほかにも，学校図書館に置いてない種類の本があるのかな。

まなぶ： 表の中の「まんが・コミックス」以外の種類の本は，学校図書館にあるよ。

ふみか： じゃあ，中学年と高学年で，好きと答えた人数が2番目に多い「アニメ」の本を置くのはどうかな。

まなぶ： でも，学校図書館にある「アニメ」の本は数が少ないから，「アニメ」以外の本を置こう。

ふみか： そうしよう。それなら，中学年と高学年ともに，好きと答えた人数が3番目に多い種類の本を置くのはどうかな。

まなぶ： いい考えだね。中学年や高学年は，机でよく本を読んでいるよね。だから，机に最も近い場所に，その種類の本を置こう。

しおり： 残り二つの場所のうち，読書週間のポスターをはる掲示板を置く場所を一つ作りたいから，おすすめの本を置く場所はあと一つだよ。その場所には，低学年から高学年までの多くの学年の人たちにおすすめする本を置きたいね。

ふみか： それなら，本を借りるときは，必ず貸出カウンターを利用するから，その近くの場所に，おすすめの本を置いたらいいかな。

まなぶ： じゃあ，まだおすすめの本に選んでいない種類の本のうち，「まんが・コミックス」と「アニメ」を除いて，低学年，中学年，高学年で好きと答えた人数の合計が，一番多い種類の本を置くのはどうかな。

ふみか： そうだね。その種類の本は，学校図書館の奥の本だなにあって，なかなか気づかない人も多いだろうから，ぜひ，おすすめしたいね。

しおり： 賛成。おすすめの本の種類と置く場所は決まったね。そうすると，残り一つの場所は，読書週間のポスターをはる掲示板を置く場所になるね。

[問2]　会話から，しおりさんたちは，図2のA，B，C，Dの場所には，それぞれ何を置くことにしたか，次のアからクの中から最も適切なものを一つずつ選び，記号で答えなさい。

　　ア　おすすめの絵本
　　イ　おすすめの図鑑
　　ウ　おすすめの探偵もの・推理ものの本
　　エ　おすすめのファッション・おしゃれの本
　　オ　おすすめの学習まんがの本
　　カ　おすすめの歴史まんがの本
　　キ　おすすめのファンタジーの本
　　ク　読書週間のポスターをはる掲示板

2 たろうさんは，国語の授業で，短歌や俳句，物語などに多くの鳥が出てくることを知りました。そこで，自主学習で鳥が出てくる俳句（図1）を調べることにしました。

鳥が出てくる俳句調べ
※季語は太字で表している。

【春】
鶯（うぐいす）や　文字も知らずに　歌心　高浜虚子（たかはまきょし）

大和路（やまとじ）の　宮もわら屋も　つばめかな　与謝蕪村（よさぶそん）

【夏】
飛び習ふ（う）　青田の上や　燕（つばめ）の子　堀（ほり）麦水（ばくすい）

木隠（こがく）れて　茶摘（ちゃつ）みも聞くや　ほととぎす　松尾芭蕉（まつおばしょう）

【冬】
ふり仰（あお）ぐ　空の青さや　鶴渡（つるわた）る　杉田（すぎた）久女（ひさじょ）

図1　たろうさんが自主学習で調べた鳥が出てくる俳句

たろう：　お父さん，鳥が出てくる俳句をノートにまとめたら，こんなにあったよ。

父　　：　よくまとめたね。たろうが気に入った俳句はどれだい。

たろう：　そうだな。ぼくは最後の俳句が好きだな。冬の青空に白い鶴が飛んでいる景色がうかんで，きれいだなって思ったよ。

父　　：　なるほど。ほかの俳句も鳥の様子が目にうかぶね。

たろう：　うん。ぼくの知っている鳥がいろいろ出てきてびっくりしたよ。

父　　：　昔から人々（ひとびと）にとって，鳥は身近な存在（そんざい）だったのだろうね。

たろう：　そうだね。調べていく中で鳥が季語になっていることが分かったけれど，どうしてだろう。

父　　：　季節ごとの鳥の様子にちがいがあるから，俳句の季語として用いていたんだろうね。

たろう：　それはおもしろいね。鳥が季語になる理由を調べてみたいな。

父　　：　いい考えだね。俳句における季節の区切りを考えるときには，この表（図2）を参考にするといいよ。

春	2月	夏	5月	秋	8月	冬	11月
	3月		6月		9月		12月
	4月		7月		10月		1月

図2　俳句における季節の区切りを示した表

たろう：　ありがとう。これで鳥が季語になる理由について，くわしく調べられそうだな。俳句に出てきた鳥の特ちょうを調べて，まとめてみよう（図3）。

〈うぐいすについて〉
・ 産卵，子育ては２月から３月ごろに
　始まる。
・ 産卵や子育てをする時期に，オスだ
　けが「ホーホケキョ」と鳴く。
・ 体の大きさは約１５㎝，やぶの中に
　ひっそりと生息している。

〈ほととぎすについて〉
・ 　５月ごろにインドや中国から日本に
　やって来て卵を産む。
・ 　都市部や住宅地では，５月から６月
　中じゅんごろまで鳴き声が聞こえる。
・ 　体の大きさは約２８㎝，林ややぶの
　中に生息している。

〈つばめについて〉
・ 　東南アジアから日本にやって来て，
　人通りの多い場所に巣を作る。
・ 　１年に２回子育てをする。
・ 　体の大きさは約１７㎝。

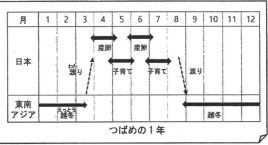
つばめの１年

図３　たろうさんがまとめた鳥の特ちょう
（「日本自然保護協会ウェブサイト」，「鳥ペディアウェブサイト」をもとに作成）

たろう： 　俳句における季節の区切りと調べた鳥の特ちょうを考えながら，改めて俳句
　　　　　をよみ返すともっと情景をイメージしやすくなったな。うぐいすやほととぎす
　　　　　に対しては，姿よりも　①　に季節を感じていたのだろうね。

父　　： 　そうだね。つばめと季語の関係は，何か分かったかな。

たろう： 　うん。「つばめ」が春の季語なのは，３月ごろに日本にやって来て，その姿が
　　　　　見られるようになるからなんだね。同じつばめでも，「燕の子」だと夏の季語に
　　　　　なるのは，　②　という理由だからだね。じゃあ，つばめを使った秋の季語
　　　　　もあるのかな。

父　　： 　いいところに気づいたね。「きえん」という言葉があって，つばめの様子を表
　　　　　す秋の季語だよ。「えん」はつばめの漢字の音読みなんだ。

たろう： 　調べたことから考えると，つばめは３月ごろに日本にやって来て，８月ごろ
　　　　　に東南アジアへもどっていくから，「きえん」は漢字で「　③　燕　」と書く
　　　　　んだね。

父　　： 　その通り。よく分かったね。

［問１］　　　①　，　②　にあてはまる言葉や文をそれぞれ書きなさい。また，
　　　　　　③　にあてはまる漢字１字を書きなさい。

たろうさんと父の様子を見ていた母が，声をかけました。

母　　：　あら，鳥についていろいろ調べたのね。日本には昔から，「つばめが巣を作る
　　　　　家は縁起がいい」という言い伝えがあるのよ。
たろう：　そういえば鶴も縁起のいい鳥とされているよね。お祝いのときによく見るよ。
母　　：　そうね。鶴は長寿の鳥として親しまれているわね。つばめや鶴のほかにも，
　　　　　縁起がいい鳥はいろいろいて，好んでお店や家にかざっている人も多いのよ。
たろう：　なるほどね。ぼくの家にも鳥のかざりがあるといいな。
母　　：　そういえば前に参加した工作教室で鳥と鳥かごのかざりを作ったことがあっ
　　　　　たわ。1枚の紙を折って，切って，はり合わせるだけで簡単に鳥かごができた
　　　　　の。その鳥かごの中に，好きな鳥を作ってつり下げれば，すてきな鳥のかざり
　　　　　になるわ。たしか，そのときに使った鳥かごの型紙が，家にあったと思うけど。
たろう：　その型紙，見せてちょうだい。ぼくも作ってみたいな。

　　母は，工作教室で作った鳥と鳥かごのかざり（図4）と，鳥かごの型紙（図5）をたろ
うさんに見せました。

図4　鳥と鳥かごのかざり

図5　鳥かごの型紙

たろう：　わあ，かわいいかざりだな。上から見ても
　　　　　下から見ても十字に見えるんだね。1枚の紙
　　　　　から，この鳥かごができるなんて不思議だな。
　　　　　お母さん，作り方を教えて。
母　　：　もちろんよ。まずは，じゃばら状に八つに
　　　　　折った色紙に，型紙を置いて（図6），形を写
　　　　　し取り，はさみで切り取るのよ。
たろう：　よし。ずれないようにていねいに切ろう。

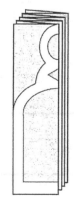

図6　折った色紙に，型紙
　　　を置いたもの

中学生になり、学級の係活動について話し合うことになりました。新しい友達とよりよい学級にするために、あなたなら、どのような係を提案しますか。

次の条件に従って書きなさい。

（条件）

ア　あなたの提案する係の内容と、その係を提案する理由を書きなさい。ただし、提案する係は、小学校で経験した係でも、新たに自分で考えた係でもよい。

イ　あなたの考えるよりよい学級とは、どのような学級かにもふれなさい。

ウ　あなたが経験したこと、または、見聞きしたことにもふれなさい。

エ　字数は六百字程度で書きなさい。

②

③

[問 2]

※
6 点

3
[問 1]

※
4 点

[問 2]

①	mL
②	mL
③	mL

※
18点

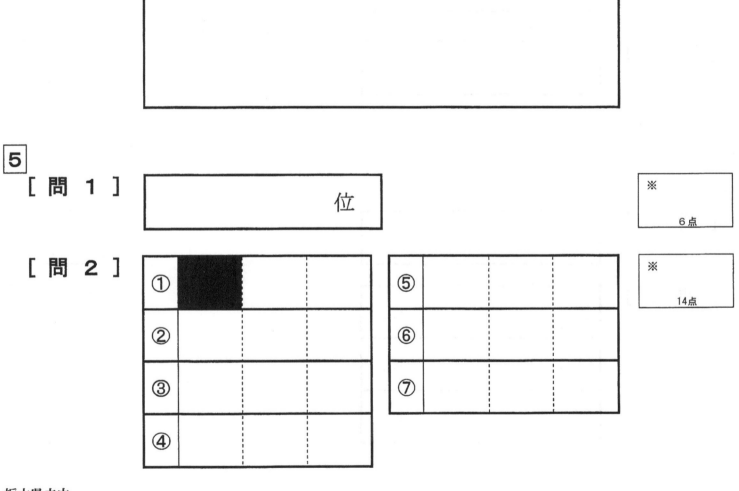

5

[問 1] 　　　　　　　　　位

※

6点

[問 2]

①	
②	
③	
④	

⑤	
⑥	
⑦	

※

14点

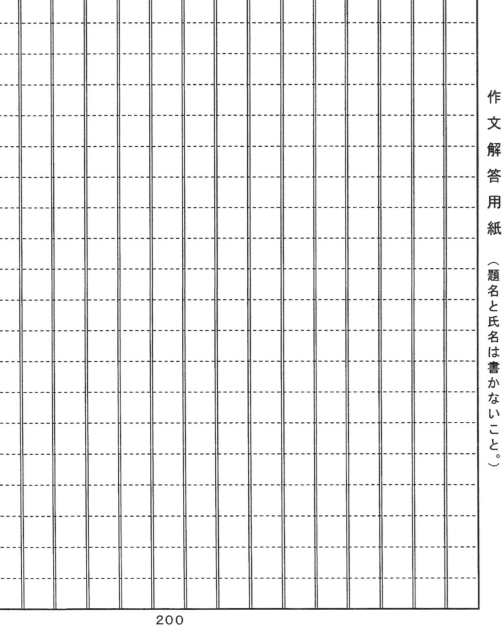

作文解答用紙 （題名と氏名は書かないこと。）

200

※A，BおよびCの３段階で評価

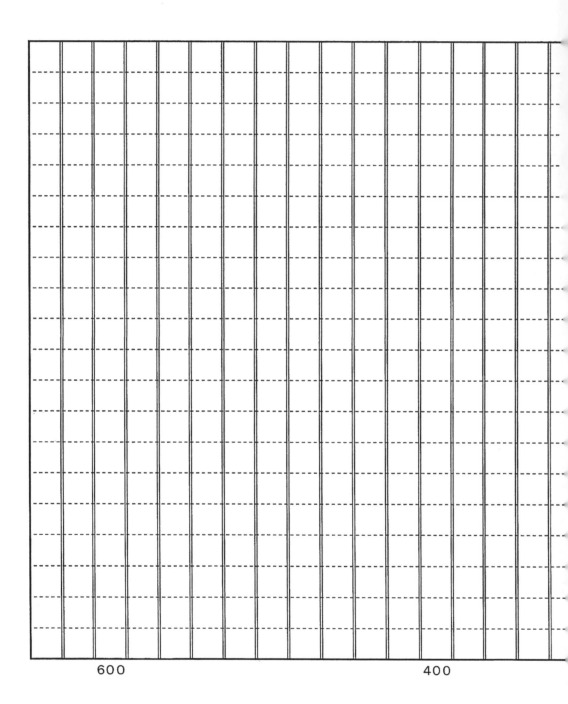

600

400

K 教英出版

【解答用

適性検査解答用紙【2】

受 検 番 号	番

得　点	【2】 ※

※ 　　　　　　 らんには何も記入しないこと。

4

[問 1]

※
6点

[問 2]

まい
〔求め方〕

※
14点

適性検査解答用紙【1】

得 点	【1】	【2】	計
	※	※	※
			※100点満点

※　　　　　らんには何も記入しないこと。

1

[問 1]

※
4 点

[問 2]

A		B	
C		D	

※
16 点

2

[問 1]

①

※

令和６年度県立中学校入学者選考問題

作　文

---- 注　意 ----

1　「始めなさい」の合図があるまでは，開いてはいけません。

2　検査時間は，１１時０５分から１１時５０分までの４５分間です。

3　問題は，１問で，表紙を除いて１ページです。
　また，別に解答用紙が１枚あります。

4　「始めなさい」の合図があったら，すぐに受検番号をこの表紙と解答用紙の決められたらんに書きなさい。

5　題名と氏名は書かないこと。

6　原稿用紙の正しい使い方に従って書くこと。
　ただし，書き進んでから，とちゅうを書き直すとき，直すところ以外の部分も消さなければならないなど，時間がかかる場合は，次の図のように，一つのます目に２文字書いたり，ます目をとばして書いたりしてもよい。

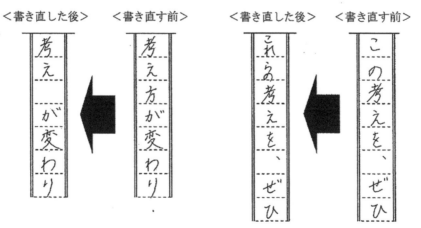

＜書き直した後＞　＜書き直す前＞　　　＜書き直した後＞　＜書き直す前＞

7　「やめなさい」の合図があったら，すぐやめて，筆記用具を置きなさい。

受 検 番 号		番

2024(R6) 栃木県立中

Ｋ教英出版

たろうさんは，じゃばら状に八つに折った色紙を型紙の線に沿って切り取り，広げました（図7）。

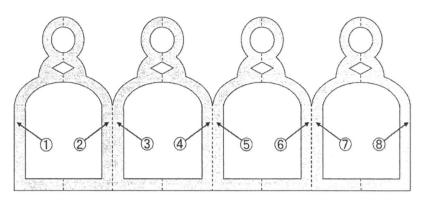

図7　型紙の線に沿って切り取って広げた形

たろう：　同じ形が八つ，つながって切り取れたぞ。この後，のりではり合わせていけば鳥かごができるってことだよね。どのようにはり合わせればいいの。

母　　：　型紙の形を一つの面と考えると，全部で①から⑧の八つの面があるでしょう。この面全体にのりをつけて，面どうしをはり合わせるのよ。どの面とどの面をはり合わせればいいか考えてごらん。

[問2]　図7の①から⑧の面をどのようにはり合わせると，図4の鳥かごができますか。最も適切なものを，次のアからエの中から一つ選び，記号で答えなさい。

　　ア　①と②，③と④，⑤と⑥，⑦と⑧をはり合わせる。
　　イ　②と③，④と⑤，⑥と⑦，①と⑧をはり合わせる。
　　ウ　④と⑤，③と⑥，②と⑦，①と⑧をはり合わせる。
　　エ　②と③，①と④，⑥と⑦，⑤と⑧をはり合わせる。

3 栃木県に住むあきこさんの学校の児童会代表委員は，9月下じゅんに行う異学年の
交流活動について話し合っています。

あきこ：　前回の話し合いで，来週月曜日の午前10時から行う交流活動では，1年生
と6年生はシャボン玉遊び，2年生と4年生はドッジボール，3年生と5年生
はかげふみをすることになったね。今日は，活動場所を決めよう。
な　ほ：　そうしよう。ドッジボールは体育館，かげふみとシャボン玉遊びは，それぞ
れ校庭の4分の1ずつの場所を使おう。
さとし：　そうだね。学校の見取り図（図）で校庭を4つに分けて，アからエのどこを
使えばいいか相談しよう。まずは，かげふみをする場所を考えよう。

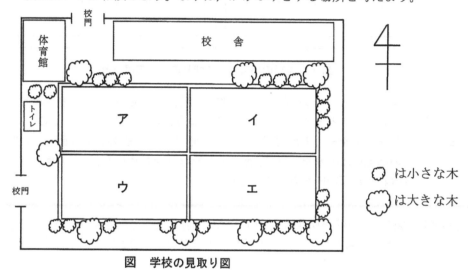

図　学校の見取り図

かずき：　昨日の午前10時くらいには，校庭にかげはいくつもできていたよね。大き
な木のかげには7，8人，小さな木のかげには2，3人はかくれることができ
るよ。
な　ほ：　それじゃあ，かくれる場所が多くなるように，大きな木のかげができる場所
でかげふみをしよう。
あきこ：　いいね。天気予報を見たとき，交流活動の前日の日曜日は雨が降るらしいけ
れど，次の日の月曜日は晴れるという予報だったよ。もし前の日に雨が降った
場合，交流活動をする月曜日には校庭の土はかわくかな。
な　ほ：　校庭には，水たまりができやすくて土がかわきにくい場所があるよね。校庭
の南東は，他の場所と比べると地面が低くなっていて，水たまりができやすい
場所だから，そこで交流活動をするのはやめよう。
さとし：　そうすると，かげふみで遊ぶ場所は　　　　　になるね。

［問1］　会話の中の　　　　　にあてはまる最も適切な場所を，図のアからエの中か
ら一つ選び，記号で答えなさい。なお，学校の周りに高い建物はないものとし
ます。

次に，教室にもどった６年生のあきこさんは，１年生とシャボン玉で遊ぶときに使う
シャボン液についてクラスで話し合っています。

あきこ：　　６年生がシャボン液を準備することになったんだよね。

はると：　　シャボン液の作り方を調べてきたよ。材料は，洗（せん）たくのりと台所用洗ざいと
　　　　　　水を用意するよ。洗たくのりと台所用洗ざいの量は５：１の割合（わりあい）だよ。水は，
　　　　　　台所用洗ざいの１０倍必要で，これら三つの材料を混ぜると完成だよ。

さとし：　　１人分のシャボン液は１６０mLとして作っていこう。１年生１８人分と６年
　　　　　　生２３人分のシャボン液のそれぞれの分量を計算しておくね。

　あきこさんたちは，洗たくのりや台所用洗ざい，計量カップなどを用意して水道へ行
き，まずは１年生１８人分のシャボン液を作り始めました。

はると：　　まずは，水の分量を量って入れるね。

あきこ：　　次は，私（わたし）が洗たくのりの分量を量って入れるね。

さとし：　　最後に，ぼくが台所用洗ざいの分量を量って入れるよ。

あきこ：　　三つの材料を入れたから混ぜてみよう。あれ，なんだかねばりが少ないね。

さとし：　　全体の量が多い気がするよ。

はると：　　どうしよう。水の分量をまちがえて，２L入れちゃったよ。

あきこ：　　そうだったんだ。でも，だいじょうぶ。まだ６年生のシャボン液を作ってい
　　　　　　ないから，これを６年生の分にしよう。

さとし：　　そうすると，今まちがえて作った１年生のシャボン液に，水を　①　mL，
　　　　　　洗たくのりを　②　mL，台所用洗ざいを　③　mL 加えれば，６年生のシ
　　　　　　ャボン液の分量になるね。

はると：　　その後，１年生のシャボン液を別の容器に作ればいいんだね。むだにならな
　　　　　　くてよかったよ。ありがとう。

[問2]　会話の中の　①　，　②　，　③　にあてはまる数をそれぞれ答え
なさい。

4　ひろとさんの住む地域でマラソン大会が開催されます。小学生のひろとさんたちと，中学生のみさきさんが所属している地域ボランティアサークルで，完走記念スタンプと，参加賞のオリジナルステッカーを作成することになりました。マラソン大会のパンフレット（**図1**）を見ながらスタンプのデザインについて話し合っています。

しもつかれマラソン 2024 大会要項

1　開催日　2024 年 10 月○日（○）雨天決行

2　会　場　しもつかれ運動公園

3　種　目

種目	内　容	定員
1）フルマラソン	42.195km を走ります。	400 人
2）ハーフマラソン	21.1km を走ります。	300 人
3）リレーマラソン	5人組を作って 42.195km を リレー形式で走ります。	50 組
4）ペアラン	2人で一緒に 10km を走ります。	100 組

※ 参加できる種目は，1人1種目です。

4　参加費
　1）　フルマラソン　　　7,000 円
　2）　ハーフマラソン　　5,000 円
　3）　リレーマラソン　1人3,500 円
　4）　ペアラン　　　　1人3,500 円

5　開会式　8時より，しもつかれ運動公園陸上競技場にて行います。

6　参加賞　Tシャツ，オリジナルステッカー（ボランティアサークルより）

7　その他　完走した方には，市の特産物（くり，キウイ）をプレゼントします。

図1　マラソン大会のパンフレット

みさき：　完走記念スタンプのデザイン（**図2**）を考えてきたよ。デザインには特産品のくりを入れたよ。

ひろと：　いいデザインだね。このデザインで消しゴムスタンプを作ろう。

そうた：　スタンプをおしたときに，このデザインになるように四角い消しゴムにほろう。

ゆ　い：　じゃあ，スタンプに使う消しゴムに，ほる部分を黒でかいてみるね。

図2　完走記念スタンプのデザイン

[問1]　ゆいさんが四角い消しゴムにかいたデザインを，下の**ア**から**エ**の中から一つ選び，記号で答えなさい。

ア

イ

ウ

エ

次に，ひろとさんたちはパソコンを使って作った，参加賞のオリジナルステッカーのデザイン（図3）を，ステッカー用紙にどのように印刷するか話し合っています。

ひろと： ステッカーの円の直径は，6cmにしたよ。

ゆ い： ステッカー用紙の大きさは，どのくらいなのかな。

みさき： このステッカー用紙の袋には（210×297mm）と書いてあるよ。これは，短い方の辺の長さが210mmで，長い方の辺の長さが297mmということだね。

そうた： 1枚のステッカー用紙からできるだけ多くステッカーを作りたいね。用紙の長い方の辺が横になるようにして，すき間をあけずに，縦に3段並べた円を用紙の左はしと下の辺に付けて，2列目からはその前の列に並べた円の右はしと用紙の下の辺に付けて並べていったらたくさん作れそうだよ（図4）。

図3　ステッカーのデザイン

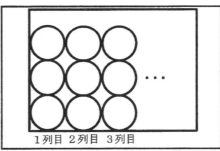

図4　そうたさんの円の並べ方

みさき： いいね。でも，そうたさんの円の並べ方だと用紙の右側が余ってしまってもったいないね。1列目は用紙の下の辺に，2列目は上の辺に付けて，円の間をつめて交互にくり返して並べていくと，そうたさんの円の並べ方よりももう1列だけ横に多く並べることができるよ（図5）。

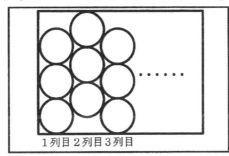

図5　みさきさんの円の並べ方

そうた： なるほど。じゃあ，みさきさんの円の並べ方で作ることにしよう。

ゆ い： そうだね。ところで，パンフレットを見るといろいろな種目があるけれど，どの種目に参加したとしても，1人に1枚ステッカーをプレゼントするんだよね。

ひろと： どの種目もよゆうをもって，1種目につき10枚ずつ多く作ろう。

みさき： そうしよう。

［問2］ みさきさんの円の並べ方でステッカーを用意すると，ステッカー用紙は何枚必要ですか。また，その求め方を式と言葉を使って答えなさい。

---

5 すぐるさんは，中学生の姉が出場する陸上競技大会に，家族で応えんに来ています。姉は，リレーと走り高とびに出場します。

すぐる： リレーの予選の1組目が始まるね。何チームが決勝に進めるのかな。

父　　： 合計8チームだよ。予選は4組あって，まず，それぞれの組で1位になったチームは決勝に進めるよ。残りはそれぞれの組の2位以下のチームで，記録が上位のチームから順に決勝に進めるんだ。

すぐる： なるほど。お姉ちゃんたちのチームは4組目だから，3組目までの結果を見れば，決勝に進むための目安が分かるね。

母　　： そうね。それぞれの組の結果が電光けい示板に出たら，メモをしておくわ。

　3組目までの競技が終わり，すぐるさんは，母が1組目から3組目までの結果を書いたメモ（図1）を見ながら母と話をしています。

1組目			2組目			3組目	
順位	記録		順位	記録		順位	記録
1	50.69 秒		1	50.74 秒		1	51.49 秒
2	51.32 秒		2	51.53 秒		2	51.67 秒
3	51.39 秒		3	52.48 秒		3	52.31 秒
4	52.83 秒		4	53.03 秒		4	52.95 秒
5	53.69 秒		5	54.29 秒		5	54.00 秒
6	54.34 秒		6	55.46 秒		6	54.77 秒
7	55.01 秒						

図1　母が1組目から3組目までの結果を書いたメモ

母　　： お姉ちゃんたちのチームのベスト記録は，51.45秒だったわ。もし，この記録で走ったとしたら，4組目で何位までに入れば決勝に進めるのかしら。

すぐる： 51.45秒で走って同着がいなかった場合，4組目で最低でも 　　　 位に入れば，決勝に進めるね。

［問1］ 会話の中の 　　　 にあてはまる数を答えなさい。

　リレーの予選の結果，姉たちのチームは決勝に進むことが決まり，その後しばらくして走り高とびの決勝が始まりました。すぐるさんは，父がプログラムに何かを記入しながら競技を見ていることに気づき，父と話をしています。

すぐる： お父さん，さっきからプログラムに何を書いているの。

父　　： プログラムには，結果を書きこめる表があるから，それぞれの選手がとんだ結果を書いているんだ。「試技順」はとぶ順番のことで，その高さを成功した場合は「○」，失敗した場合は「×」を書くんだよ。

すぐる： ちょっと見せて。同じ高さには3回まで挑戦できるんだね。1回目か2回目に成功した場合，その後は同じ高さをとばないから空らんなのかな。

父　　： その通りだよ。お姉ちゃんは1m35cmを2回目で成功したから，3回目は空らんなんだ。

すぐる： 3回続けて失敗した選手の競技は終わりになるんでしょ。

父　　： そうだね。そして，最後に成功した高さがその選手の記録になるよ。

走り高とびの競技が終わり，正式な記録と順位が発表になりました。

すぐる：　お姉ちゃん，順位は5位なんだ。お姉ちゃんがとべなかった1m45cmを成功した選手は3人だから，4位なのかと思ったらちがうんだね。

父　：　そうなんだよ。発表された記録と順位を書いたから，プログラムの表（図2）を見てごらん。同じ記録でも，順位が同じ選手もいれば，ちがう選手もいるね。

試技順	氏名	高さ						記録	順位
		1m30cm	1m35cm	1m40cm	1m45cm	1m50cm	1m55cm		
1	A	○	○	× ①	×○	×××		1m45cm	2位
2	B	○	○	○	○	×○	×××	1m50cm	1位
3	C	○	×○	○	×××			1m40cm	5位
4	D	○	○	②	×○	×××		1m45cm	3位
5	E	×○	×××					1m30cm	12位
6	F	××○	○	③	×××			1m40cm	7位
7	G	○	×××					1m30cm	10位
8	H	×○	×○	④				1m35cm	9位
9	I	○	×○	⑤	×××			1m40cm	8位
10	J	○	×××					1m30cm	10位
11	K	○	×○	⑥	×××			1m40cm	6位
12	L	○	○	⑦	×××			1m40cm	4位

図2　父が結果を書いたプログラムの表

すぐる：　本当だ。記録がよい選手が上位になるのは分かるけど，記録が同じ選手は，どんなルールで順位が決まるの。

父　：　記録が同じだった場合は，最後に成功した高さで「×」の数が少ない選手が上位になるんだよ。その数も同じだった場合は，すべての高さの「×」の合計数が少ない選手が上位になるんだ。それでも差が出ない場合は，同じ順位ということだよ。

すぐる：　そういうことなんだ。じゃあ，1m40cmの高さは，「○」や「×」が書かれていない所があるけど，全部書けていれば発表よりも前に順位が出せたんだね。

父　：　そうなんだよ。お姉ちゃんが成功した後，次の高さに挑戦するまで時間があると思ってトイレに行ったから，結果を書けていない部分があるんだ。その間の記入をすぐるにたのんでおけばよかったな。でも，記録や順位をもとに考えれば，もしかしたら「○」や「×」を記入して，正しい表を完成させることができるんじゃないかな。

すぐる：　そうか。おもしろそうだね。考えてみるよ。

[問2]　会話や図2をもとに，図2の表の①から⑦の ☐ にあてはまる結果を，それぞれ○や×や空らんで答えなさい。
　　　ただし，途中で競技をやめた選手はいなかったものとします。

K 教英出版

令和５年度県立中学校入学者選考問題

適 性 検 査

宇都宮東高等学校附属中学校
佐野高等学校附属中学校
矢板東高等学校附属中学校

受 検 番 号		番

1　休日の朝，しんじさんは，朝食について母と妹と話をしています。

しんじ：　お母さん，今日の朝ごはんは納豆が食べたいな。
妹　　：　私も食べたい。
母　　：　いいわよ。冷蔵庫にあるわよ。
しんじ：　納豆が２パックあるね。賞味期限が近いものから食べようね。
妹　　：　どうして。
しんじ：　食品ロスを減らすためだよ。総合的な学習の時間に，先生から食品ロスについての資料（図1）が配られたんだ。その資料の中に，期限が切れたために，手つかずのまま捨てられる食品があると書いてあったんだよ。

【家庭から出た食品ロスの主な原因】
・　料理を作りすぎて，食べきれないなどの「食べ残し」
・　期限切れ等により，手つかずのままで捨てる「直接はいき」
・　野菜の皮など食べられるところまで厚くむき捨てる「過剰除去」

図1　食品ロスについての資料
（消費者庁「食品ロス削減ガイドブック（令和４年度版）」をもとに作成）

母　　：　食品ロスを減らすために取り組んでいくことは，とても大切なことだね。
しんじ：　授業のあと，食品ロスについてくわしく知りたいと思って，資料をいくつか集めたんだ（図2）。
母　　：　集めた資料からどんなことがわかったのか，あとで教えてね。

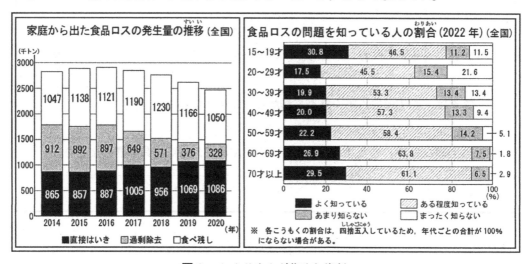

図2　しんじさんが集めた資料
（環境省「令和３年度食品廃棄物等の発生抑制及び再生利用の促進の取組に係る実態調査」，消費者庁「令和４年度第２回消費生活意識調査」をもとに作成）

[問1]　図2の資料からわかることとして適切なものを，次のアからエの中からすべて
　　　選び，記号で答えなさい。

　　ア　20才から29才は，食品ロスの問題を「まったく知らない」と回答した人の
　　　　割合が他の年代と比べて最も高い。
　　イ　2014年と2020年の家庭から出た食品ロス発生量の全体にしめる「食べ残
　　　　し」の割合は，同じである。
　　ウ　2016年から2020年の期間において，「直接はいき」と「食べ残し」の発生
　　　　量は，増えたり減ったりしているが，「過剰除去」の発生量は減っている。
　　エ　食品ロスの問題を「よく知っている」と回答している人と「ある程度知っ
　　　　ている」と回答した人を合わせた割合は，15才から19才が最も高い。

食品ロスについて学んだしんじさんは，材料をむだにしない料理が作れないかと考え，母と話をしています。

しんじ：　お母さん，今度の休みの日に，みそ汁を作っていいかな。材料をむだにしないように作ってみたいんだ。
母　　：　いいわよ。どんなみそ汁にするの。
しんじ：　だいこん，油あげ，ねぎの入ったみそ汁にしたい。それから，だしはにぼしからとってみたいな。家庭科の教科書に，だしをとったあとのにぼしは，取り出さないで具として食べてもよいと書いてあったから，やってみるよ。
母　　：　それはいいわね。
しんじ：　取り除いたにぼしの頭とはらわたはどうしようかな。
母　　：　小皿にまとめておいてくれれば，あとで私が料理に使うわ。
しんじ：　むいただいこんの皮やだいこんの葉も料理に使えるのかな。
母　　：　だいこんの皮は千切りにして，油でいためて味付けすれば，きんぴらができるわよ。だいこんの葉は，細かく刻んでみそ汁に入れたらどうかしら。
しんじ：　わかった。じゃあ，きんぴらを作る手順を教えてよ。
母　　：　いいわよ。しんじが一人で作れるようにメモ用紙に書いてあげるわ。

　　母は，きんぴらを作る手順を書いたメモ用紙（図３）をしんじさんにわたしました。

・　だいこんの皮を千切りにする。
・　フライパンを火にかけ，温まったら油を全体にいきわたらせる。
・　火を弱火にし，だいこんを入れていためる。
・　だいこんがすき通ってきたら，しょうゆ，みりん，砂糖で味付けをして火を消す。
・　盛りつけて，ごまをふって完成。
※　作り始めてから完成するまでの調理時間は１０分間。

図３　きんぴらを作る手順を書いたメモ用紙

しんじ：　ありがとう，お母さん。きんぴらは１０分間で作ることができるんだね。
母　　：　そうよ。
しんじ：　じゃあ，みそ汁を作る手順と，手順ごとの調理時間は，学校で習ったことをもとにしながら，ノートに書いてみるよ。

　　しんじさんは，みそ汁を作る手順と，手順ごとの調理時間をノートに書き（図４），母に見せました。

---

①　にぼしの頭とはらわたを取る。（５分間）
②　なべに入れた水に，にぼしを入れて待つ。（２５分間）
③　野菜をよく洗い，だいこん，だいこんの葉，油あげ，ねぎを切る。（１０分間）
④　②のなべに火をかけ，だしをとる。（１０分間）
⑤　④のなべにだいこんを入れてにる。（５分間）
⑥　⑤のなべに，だいこんの葉，油あげ，ねぎを入れる。そのあとにみそを入れ，ふっとうしたら火を消して完成。（５分間）

図４　みそ汁を作る手順と，手順ごとの調理時間を書いたノート

しんじ： お母さん，書き終わったよ。みそ汁ときんぴらを作る時間を合わせると７０分間かかるということだよね。

母　　： ちょっと待って。もっと短い時間で料理が作れるわよ。

しんじ： じゃあ，こんろを複数同時に使えばいいのかな。

母　　： そうね。でも，私も別の料理をしたいから，使うこんろは一つだけにしてね。

しんじ： わかった。でもどうすればいいの。

母　　： みそ汁を作る手順の中に，手の空いている時間があるでしょ。その時間をうまく使えば，使うこんろは一つでも，時間を短くできるよね。

しんじ： なるほどね。きんぴらはどうかな。

母　　： きんぴらも手の空いている時間で，メモ用紙（図３）のとおりに作ればいいわよ。

しんじ： そうすると，みそ汁ときんぴらを作る時間を合わせて，最短で　　　　分間かかるということだね。

[問２]　会話の中の　　　　にあてはまる数を答えなさい。
　　　　ただし，調理時間は図３，図４に示されたものとします。

2 さとこさんは，自宅（じたく）から見えた熱気球を見て，家族と話をしています。

妹　　：　お姉ちゃん，見て。大きくふくらんだ風船がうかんでいるよ。

さとこ：　あれは熱気球というんだよ。

父　　：　近くの公園で熱気球をうかばせているみたいだね。

妹　　：　熱気球って，どうして空中にうかぶことができるのかな。

さとこ：　それはね，熱気球の中であたためられた空気が上へ動くことを利用してうかぶんだよ。

妹　　：　あたためられた空気って，上へ動くんだね。

さとこ：　そうだよ。例えば 　　　　　　　　 も同じことだよ。

[問1]　さとこさんの発言の 　　　　　　　　 に入る最も適切なものを，次のアからエの中から一つ選び，記号で答えなさい。

ア

くもりの日より，晴れた日に干（ほ）した洗たく物の方が早くかわくこと

イ

夏の暑い日，日なたに置いたうき輪がさらにふくらむこと

ウ

ストーブをつけた部屋全体が，足元より頭の方があたたかいこと

エ
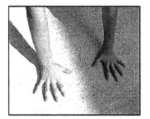
日かげより，日なたの地面の方があたたかいこと

妹　　：　そうなんだ。熱気球って形もかわいいし，しくみもおもしろいね。

さとこ：　そうだ，一緒（いっしょ）に熱気球の模型（もけい）を作って部屋にかざろうか。

妹　　：　いいね。作ってみたい。でも熱気球みたいな形をどうやって作ったらいいの。

父　　：　ためしに画用紙でいろいろな型を作って，セロハンテープでつなぎ合わせてみたらどうかな。

さとこ：　二人で考えてみるね。

二人は，画用紙を使って型を考え，**図1**のように，型と型がすき間なく重ならないように
セロハンテープでつなぎ合わせてみました。

妹　　：　なんだか熱気球の形とちがうね。

さとこ：　そうだね。てっぺんがとがっているし，丸みもな
　　　　　いね。わたしたちが見た熱気球は，てっぺんが平らだ
　　　　　ったし，上半分はもう少し丸みがあったよね。お父さ
　　　　　ん，どうしたらいいかな。

父　　：　少し工夫が必要だね。上半分はビーチボールを参
　　　　　考にするといいよ。もう一度，考えてみようか。

　二人はもう一度型を考えて，作り直してみました（**図2**）。

さとこ：　お父さん，さっきよりもいい形ができたよ。

父　　：　よくできたね。熱気球のイメージに近づいたね。

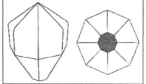

図1　横からみた形（左）
**　　と下から見た形（右）**

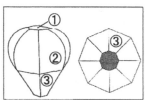

図2　横からみた形（左）
**　　と下から見た形（右）**

［問2］　二人は下の型の中から，①，②，③の型を選んで熱気球（**図2**）を作
　　　　りました。①，②，③にあてはまるものを，下の**ア**から**サ**からそれぞれ
　　　　一つずつ選び，記号で答えなさい。ただし，作成する際は，**図1**のように，
　　　　型と型がすき間なく重ならないようにセロハンテープでつなぎ合わせるものとしま
　　　　す。

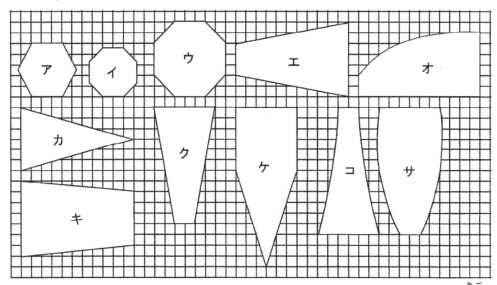

※　マス目は，図形の大きさがわかるように示したもので，どのマスも縦と
　横の長さは同じです。

- 6 -

3 小学生のりえさんは，体育の授業で，１か月後に行われる新体力テストの目標を考えました。家に帰ったりえさんは，目標を達成するために，自分でできるトレーニングについて中学生の兄に相談しています。

りえ：　今年の新体力テストでは，２０ｍシャトルランの記録をのばしたいな。毎日できそうなトレーニングはないかな。

兄　：　シャトルランの記録をのばしたいなら，例えば，長いきょりを走ったり，なわとびをしたりすることで必要な体力が高まるらしいよ。

りえ：　せっかくなら楽しく続けられるものがいいな。

兄　：　中学校の授業でなわとびをしたとき，曲に合わせてとんだら楽しくできたよ。全部で３分２１秒間の曲だったから，なかなかいい運動にもなったしね。

りえ：　楽しくとんでいるうちに体力が高まるなら，挑戦してみたいわ。曲に合わせてとぶって１拍に１回とぶということかな。

兄　：　そうだよ。例えば楽ふに書いてある速度記号が「♩＝６０」の曲なら，１分間に４分音ぷを６０回打つ速さだから，１秒間に１回とぶことになるね。

りえ：　なるほど，それなら曲に合わせてとべば，一曲終わったときに何回とんだかわかるね。お兄ちゃんが中学校の授業でなわとびをした時の曲は，どんな速さだったの。

兄　：　調べてみたら，「♩＝１２０」と書いてあったよ。

りえ：　それなら，最初から最後まで引っかからずにとんだ場合，その曲に合わせてとべば，一曲終わったときに　　　　回とんだことになるね。それだけとべば体力がつきそうね。がんばって練習してみるよ。

［問１］　会話の中の　　　　にあてはまる数を書きなさい。

　　１か月後，りえさんは新体力テストを行い，２０ｍシャトルランを除いた種目が終わりました。同じクラスのみさきさんといっしょに，記録を記入したワークシート（図１）と，こうもく別得点表および総合評価表（図２）を見ながら話しています。

	あく力	上体起こし	長座体前くつ	反復横とび	20mシャトルラン	50m走	立ちはばとび	ソフトボール投げ	合計得点	総合評価
昨年の記録	15kg	15回	35cm	42回	34回	9.9秒	134cm	13m	50点	C
今年の記録目標	18kg	18回	41cm	45回	42回	9.5秒	140cm	14m	59点	B
今年の記録	17kg	17回	40cm	47回	回	9.7秒	138cm	15m		
今年の得点	点	点	点	点	点	点	点	点	点	

図１　りえさんが記録を記入したワークシート

令和5年度県立中学校入学者選考問題

作　文

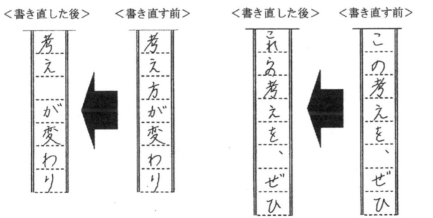
受 検 番 号		番

ある小学校の６年１組では，学級活動の時間に「なりたい自分を目指して」というテーマで班ごとに話し合いをしています。

Ａさん：　「なりたい自分」ってむずかしいな。みんなはあるの。
Ｂさん：　将来の夢ならあるよ。ぼくは，小さいころからサッカーをやっているから，プロサッカー選手になりたいな。
Ｃさん：　私は，同じバレエ教室に通っている高校生のＹさんにあこがれているよ。練習でつらい時に，いつもはげましてくれるの。Ｙさんのように，人の気持ちがわかる人になりたいと思っているよ。
Ｄさん：　ぼくは，「大会でよい成績を残す」とか「検定に合格する」とか，身近な目標をもつことも大切だと思うよ。今できることに一生けん命取り組むことで，「なりたい自分」を見つけることができるんじゃないかな。

Ｔ先生：　話し合いはできましたか。「なりたい自分」について，さまざまな意見が出たと思います。今回は，将来の夢や目標，またはこんな大人になりたいという姿を「なりたい自分」として，とらえていきましょう。
　　　　　海外で活やくしている大谷翔平さんは，プロ野球選手になりたいという夢をかなえるために，具体的な行動を決めて実行したそうです。みなさんも「なりたい自分」になるために，これから取り組みたいことを考えてみましょう。

Ａさん：　テレビで見たことがあるけど，大谷選手は野球の練習だけでなく，周りの人へ感謝することや，ゴミ拾いをすることも大切にしていたんだって。
Ｂさん：　そうなんだね。ぼくは，サッカーチームのかんとくから，整理整とんをすることで，心が整って，プレーに集中できると教わっているよ。
Ｃさん：　素敵なかんとくね。私は，人の気持ちがわかる大人になるために，思いやりの心をもつことや，人の気持ちについて考えること，それに読書にも進んで取り組んでいきたいな。
Ａさん：　読書は，Ｃさんの「なりたい自分」にどうつながっていくの。
Ｃさん：　それはね，去年のクラスで自分が読んだ本をしょうかいする機会が多くて，たくさんの本を読んだの。その経験から，読書は人の気持ちについて考えることにつながると思ったんだ。
Ｄさん：　身近な経験が自分の目標や夢につながっていくんだね。「なりたい自分」についてもっと考えてみたいね。

> 　あなたは，「なりたい自分」になるために，どのようなことを大切にしていきたいですか。会話を参考にして，次の条件にしたがって書きなさい。
>
> （条件）
> 　ア　「なりたい自分」の姿と，そのための具体的な行動を書きなさい。
> 　イ　あなたが経験したこと，または，見聞きしたことにもふれなさい。
> 　ウ　字数は６００字程度で書きなさい。

適 性 検 査 解 答 用 紙【2】

得　点	【2】 ※

※　　　　　らんには何も記入しないこと。

4

[問 1]

本

※
8点

[問 2]

店
〔求め方〕

※
15点

5

[問 1]

※
8点

[問 2]

前列	→	→	→	→
後列	→	→	→	→

※
16点

作文解答用紙　（題名と氏名は書かないこと。）

200

※A，BおよびCの3段階で評価

600

400

適 性 検 査 解 答 用 紙 【1】

受 検 番 号	番

得 点		【1】	【2】	計
		※	※	※

※ らんには何も記入しないこと。

1

[問 1]

※
6 点

[問 2]

分間

※
7 点

2

[問 1]

※
6 点

[問 2]
①
②
③

※
12 点

3

[問 1]

※
6 点

[問 2]
①
②
③
④

※
16 点

K 教英出版

●こうもく別得点表●

得点	あく力	上体起こし	長座体前くつ	反復横とび	20mシャトルラン	50m 走	立ちはばとび	ソフトボール投げ
10点	25kg 以上	23 回以上	52cm 以上	47 回以上	64 回以上	8.3 秒以下	181cm 以上	25m 以上
9点	22～24	20～22	46～51	43～46	54～63	8.4～8.7	170～180	21～24
8点	19～21	18～19	41～45	40～42	44～53	8.8～9.1	160～169	17～20
7点	16～18	16～17	37～40	36～39	35～43	9.2～9.6	147～159	14～16
6点	13～15	14～15	33～36	32～35	26～34	9.7～10.2	134～146	11～13
5点	11～12	12～13	29～32	28～31	19～25	10.3～10.9	121～133	8～10
4点	9～10	9～11	25～28	25～27	14～18	11.0～11.6	109～120	6～7
3点	7～8	6～8	21～24	21～24	10～13	11.7～12.4	98～108	5
2点	4～6	3～5	18～20	17～20	8～9	12.5～13.2	85～97	4
1点	3kg 以下	2 回以下	17cm 以下	16 回以下	7 回以下	13.3 秒以上	84cm 以下	3m 以下

●総合評価表●

段階	小1	小2	小3	小4	小5	小6
A	39 以上	47 以上	53 以上	59 以上	65 以上	71 以上
B	33～38	41～46	46～52	52～58	58～64	63～70
C	27～32	34～40	39～45	45～51	50～57	55～62
D	22～26	27～33	32～38	38～44	42～49	46～54
E	21 以下	26 以下	31 以下	37 以下	41 以下	45 以下

図2　新体力テストのこうもく別得点表および総合評価表

（「令和4（2022）年度版リーフレット　体力向上啓発資料　栃木県教育委員会事務局スポーツ振興課」をもとに作成）

みさき：　残りはシャトルランだけだね。ここまでの結果はどうだったの。

り　え：　二つの種目で目標を達成したよ。今年は，記録目標だけでなく，総合評価も達成したいと思っているんだ。

みさき：　じゃあ，「今年の記録目標」の得点と，「今年の記録」のすでに終わっている種目の得点を，比べてみようよ。

り　え：　すでに終わった種目のうち，「今年の記録目標」の得点と同じだったのは　①　種目で，今の時点の合計得点は　②　点だったよ。

みさき：　総合評価表の合計得点をみると，私たちの学年で，B段階になるための合計得点の最低点は　③　点だね。

り　え：　そうなると，シャトルランで最低でも　④　回走れば，B段階になるんだよね。毎日なわとびのトレーニングをしてきたから，できそうな気がするよ。

みさき：　おたがいにがんばろうね。

[問2]　会話の中の　①　，②　，③　，④　にあてはまる数をそれぞれ書きなさい。

4 さゆりさんは，音楽の時間に，世界にはさまざまな楽器があることを知りました。
その中で興味をもったアンデス地方にある民族楽器について，母と話をしています。

さゆり： サンポーニャという楽器があるんだよ。
母　　： どんな楽器なのかしら。
さゆり： サンポーニャは，長さのちがう筒がたくさん並んでい
　　　　るんだ。それぞれの筒に息を吹きこむと音が出るんだよ。
母　　： 見てみたいわ。インターネットで調べてもらえるかな。
さゆり： これがサンポーニャ（図1）だよ。サンポーニャに似た
　　　　ストロー笛の作り方（図2）ものっているよ。

図1　サンポーニャ

〔直径8㎜，長さ21㎝のストローを使ったストロー笛の作り方〕
① 「ド」の音のストローの長さを16㎝とする。「ド」の長さを1として，下の
　　表をもとに，ほかの音のストローの長さを求める。

※それぞれの音におけるストローの長さの割合はおおよその値です。

音	ド	レ	ミ	ファ	ソ	ラ	シ	高いド
長さの割合	1	0.9	0.8	0.75	0.65	0.6	0.55	0.5

② 求めた長さに切る。
③ 空気がもれないように，②のストローの下側の先をつぶして
　　セロハンテープでとめる。
④ となりのストローとの間かくをあけるためのストローを，6㎝
　　の長さに7本切る。
⑤ ドから順番に並べ，④のストローを一本ずつ間にはさみなが
　　ら，セロハンテープで固定する。

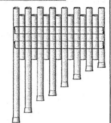

図2　サンポーニャに似たストロー笛の作り方

母　　： おもしろそうね。直径や長さが同じストローなら家にあるから，一緒に作っ
　　　　てみましょう。うまくできたら，私が計画している親子手作り教室で，ストロ
　　　　ー笛を作ってみたいわ。一つのストロー笛を作るには，ストローが何本必要な
　　　　のかしら。
さゆり： 音は八つだからストローは8本，さらに間にはさむストローは7本だから，
　　　　全部で15本のストローがあればいいよね。
母　　： さゆりの考えで切ると，あまりの部分が多く出て，もったいないと思うわ。
　　　　できるだけ少ない本数で作れないかしら。

［問1］ 家にあるストローを使って，図2の作り方でストロー笛を作るとき，最も少な
　　　　い本数で一つのストロー笛を完成させるには，何本必要になるか答えなさい。

さゆりさんは，母と一緒にストロー笛を作ることができました。

さゆり：　できたね。音を出すのは少し難しいけれど，簡単に作れるから楽しいね。

母　　：　これなら親子で楽しく作れるわ。セロハンテープはたくさんあるから，同じ
　　　　　サイズのストローだけ買っておけばいいわね。一つのストロー笛に必要な本数
　　　　　がわかったから，予備をふくめて４００本買いたいわ。できるだけ安く買いた
　　　　　いわね。

　　　さゆりと母の会話を聞いていた父と姉が，二人の会話に参加しました。

姉　　：　私が買い物に行ったＡ店に，同じサイズのストローがあったわ。１ふくろ
　　　　　１００本入りで，税込み２８０円で売っていたわ。

さゆり：　今日のＢ店のチラシ（図３）にものっていたよ。

父　　：　そのサイズのストローなら，ネットショップでも売っているよ。
　　　　　このＣ店のウェブページの画面（図４）を見てごらん。

母　　：　ネットショップだと合計金額によっては，配送料がさらにかかることがある
　　　　　のよね。

さゆり：　どこで買えば一番安いのかな。

お買い得品！

ストロー(直径8㎜, 長さ21㎝)

１ふくろ(50本入り)

通常価格 **150** 円（税込）

5ふくろ以上購入すると

１ふくろあたり通常価格の**10％引**

図３　Ｂ店のチラシの一部

ストロー150本で

400円（税込）

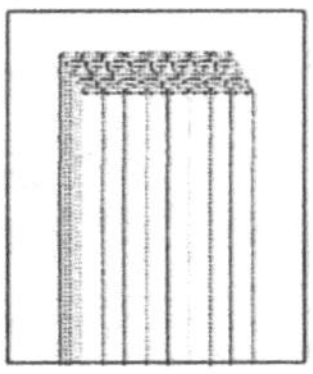

1ふくろ10本入り29円（税込）から
のご注文でもお受けします。

サイズ　直径8㎜, 長さ21㎝
配送料　３００円（税込）
（購入金額の合計1000円以上で
　配送料無料）

図４　Ｃ店のウェブページの画面

[問２]　会話や図３，図４をもとに，ストローを４００本買うとき，Ａ店，Ｂ店，Ｃ店
　　　　のどの店が一番安いのか，答えなさい。また，それぞれの店における合計金額の
　　　　求め方を，式と言葉を使って答えなさい。

5　たけるさんのクラスでは，ＡＬＴのアラン先生のお別れ会で，メッセージをテレビ画面に表示することになり，班ごとに考えています。

は　な：　アラン先生へのメッセージはこれでどうかな（図1）。

> アラン先生と笑顔で過ごした日々を絶対にわすれません。

図1　はなさんが考えてノートに書いたメッセージ

たける：　アラン先生のために，漢字を少なくした方が読みやすいよね。

ひろき：　そうだね。パソコンでメッセージを作るときに漢字を減らしておくね。

　ひろきさんは，はなさんが考えたメッセージをキーボードで入力しました（図2）。

：カーソル

> アラン先生と笑顔ですごした日々おぜったいにわすれません。|

図2　ひろきさんがキーボードで入力したメッセージ

は　な：　あれ，「お」がちがうよ。

ひろき：　本当だ。

たける：　それに，「先生」以外は，平仮名にしたらどうかな。

ひろき：　そうだね。あれ，どのキーで文字を消すんだっけ。

たける：　キーボード（図3）の右上の方にあるバックスペースキーをおせば，文字を消せるよ。カーソルを，「笑顔」と「で」の間にあわせて（図4），まず「笑顔」を平仮名にしてみよう。

ひろき：　わかった。バックスペースキーを2回おした後に，E，G，A，Oの順番でキーをおし，エンターキーをおすんだよね。

たける：　次は，カーソルを「お」と「ぜ」の間にあわせて（図5），「日々お」を直そう。

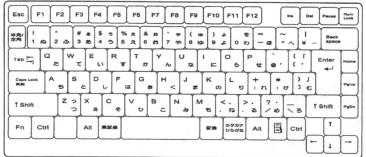

図3　キーボード　※　Enter：エンターキー　Back space：バックスペースキー

> 笑顔|ですごした

図4

> 日々お|ぜったいに

図5

[問1]　図5の「日々お」の部分を，図3のキーボードを使ってローマ字で入力し直すとき，どのキーをどの順番でおしますか。会話文中の下線部を参考にして説明しなさい。

次に，たけるさんたちは，お別れ会の出し物について話し合っています。

ひろき：　アラン先生のために，みんなで歌を歌おうよ。

ちえこ：　いいね。あと，歌がない間奏のところでダンスをおどるのはどうかな。

たける：　それはいい考えだね。

は　な：　前列と後列にして，さらに動きを変えてみようか。

たける：　そうだね。さっそく前列と後列の動きを考えてみよう。

ちえこ：　わかりやすいように，動きに名前をつけておこうね。

たけるさんたちは，前列と後列に分かれて動きを考え名前をつけました（図6）。

図6　前列・後列の動きとその名前

たける：　まず，前列の動きの順番を考えてみよう。何か意見のある人はいますか。

ちえこ：　「足ぶみ」の後に「ジャンプ」をすると動きやすいので，続けておどりたいな。

は　な：　「げんき」と「さようなら」は動きが似ているので，続けておどらない方がいいと思うよ。

たいき：　「げんき」と「さようなら」は，お別れにふさわしい動きなので，どちらかは最後にした方がいいと思うな。

たける：　後列はどうかな。

かいち：　「きらきら」は，最初がいいよね。

よしお：　前列が「さようなら」をしているときは，後列は「ぐるぐる」の動きにすると一体感が出るから，前列と順番を合わせようよ。

たかこ：　前列が「足ぶみ」をしている後ろで，「手びょうし」をおどると合うと思うわ。

たいき：　前列が「ジャンプ」をしているときは，動きをあまりじゃましない「手を上に」をおどっていた方がいいと思うよ。

たける：　あとは，一番最後に「指さし」をおどることにして，話題に出なかった「ふりふり」をあいたところでおどることにすれば，ここまで出た意見で順番を決めることができるね。アラン先生が喜んでくれそうなダンスになりそうだね。

[問2]　たけるさんたちの会話文から，全員の意見を取り入れて決めると，前列と後列は，それぞれどのような順番でおどることになりますか。図6のアからコの記号で答えなさい。ただし，それぞれの動きをおどるのは，一度ずつとします。

これで，問題は終わりです。

K教英出版

K 教英出版

令和４年度県立中学校入学者選考問題

適性検査

--- 注 意 ---

1　「始めなさい」の合図があるまでは，開いてはいけません。

2　検査時間は，９時５０分から１０時４０分までの５０分間です。

3　問題は ⃞1 , ⃞2 , ⃞3 , ⃞4 , ⃞5 で，表紙を除いて１０ページです。
　　また，別に解答用紙が２枚あります。

4　「始めなさい」の合図があったら，すぐに受検番号をこの表紙と解答用紙
　　【1】，【2】の決められたらんに書きなさい。

5　答えは，必ず解答用紙の決められたらんに書きなさい。

6　「やめなさい」の合図があったら，すぐやめて，筆記用具を置きなさい。

宇都宮東高等学校附属中学校
佐野高等学校附属中学校
矢板東高等学校附属中学校

受 検 番 号		番

1 よしおさんは，となり町にある祖父母の家を訪れ，祖父と次のような会話をしています。

よしお： おじいちゃんが子どものころに通っていた小学校のことが新聞の記事に出ているね。近くの学校と統合されるって書いてあるよ。

祖　父： 子どもの数が減ってきているからね。ちょっとさびしいけれど，閉校となった学校をうまく活用するなどして，人が集まってきてくれたらうれしいな。

よしお： このような新聞の記事をときどき見かけるようになってきたよ。子どもの数が減っているということは，栃木県や日本の人口も減っているのかな。

祖　父： じゃあ，この資料（図1）を見てごらん。栃木県と日本の人口推移と将来予測を表しているよ。よしおは，どんなことに気づくかな。

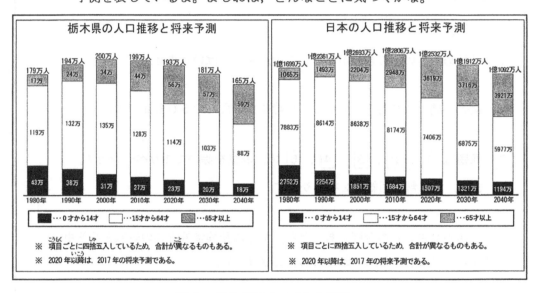

図1　祖父が見せてくれた資料
（「国立社会保障・人口問題研究所ウェブサイト」，「栃木県ウェブサイト」をもとに作成）

[問1]　次のアからオの内容について，図1の資料から読み取れることとして適切なものには〇を，適切でないものには×を，それぞれ書きなさい。

ア　0才から14才の人口は，栃木県と日本のどちらも減少してきており，特に中学生の減少により，将来も減少していくと予想されている。

イ　65才以上の人口は，栃木県と日本のどちらも増加してきており，将来も，引き続き増加していくと予想されている。

ウ　栃木県の総人口と日本の総人口は，どちらも増加していく時期があったが，将来は，どちらも減少していくと予想されている。

エ　2040年の0才から14才の人口は，1980年の0〜14才の人口と比かくすると，栃木県と日本のどちらも半分以下になると予想されている。

オ　15才から64才の人口は，栃木県と日本のどちらも増加していく時期があったが，2040年にはどちらも総人口の5割を下回ると予想されている。

よしおさんは，自宅にもどった後も，「閉校<ruby>閉校<rt>へいこう</rt></ruby>となった学校をうまく活用するなどして，人が集まってきてくれたらうれしいな。」と語っていた祖父の言葉が気になりました。そこで，国内の他の地域において，閉校した学校を有効活用している事例を調べ，それらの情報をまとめました（図2）。

事例1
・　校舎の給食調理室やランチルームを改修し，地元の農産物を加工してはん売する洋菓子<ruby>洋菓子<rt>ようがし</rt></ruby>店として活用している。 ・　食材を地元の生産者から直接仕入れることで，地域の活性化に取り組んでいる。店のオーナーは地元出身者で，ふるさと大使でもある。
事例2
・　校庭や体育館を改修し，農業用施設<ruby>施設<rt>しせつ</rt></ruby>として活用している。春から夏は，新しい技術によりトマトをさいばいし，冬は柿<ruby>柿<rt>かき</rt></ruby>の加工品を生産している。 ・　地域の人が働くことができる場をつくり出しており，地域の農業の活性化による地域づくりに取り組んでいる。
事例3
・　校舎や体育館を改修し，全国の学生の体育着を作る工場として活用している。 ・　働く場所が少なかった地域に働ける場をつくり出しており，働く人の多くが地元の人である。また，地元の小学生の社会科見学や中学生の職業体験の受け入れなども行い，地域住民との交流を大切にしている。
事例4
・　体育館を改修し，県外からの修学旅行を受け入れるきょ点となる施設として活用している。 ・　レクリエーション活動や地元のおどり体験などを通して，利用者と地域住民が親交を深める場となっており，地域活性化の一つとなっている。
事例5
・　校舎を改修し，木造校舎のふんいきを味わいながら，地元の食材を使った料理を出すカフェとして活用している。 ・　障がいのある人々が働く場にもなっている。他の教室や校庭も，地域の人に広く活用されている。市内外から多くの人が来ることで，地域のにぎわいをつくり出している。

図2　閉校した学校の活用事例をまとめたもの
（「文部科学省ウェブサイト」をもとに作成）

　［問2］　図2の事例1から事例5を読み取り，五つの事例すべてに共通している特ちょうとして最も適切なものを，下記のアからオの中から一つ選び，記号で答えなさい。

　　ア　地域の自然環境<ruby>環境<rt>かんきょう</rt></ruby>を生かした施設として活用することにより，地域の農林業の活性化につながっている。
　　イ　閉校した学校の施設をそのまま使用することにより，訪<ruby>訪<rt>おとず</rt></ruby>れた人々になつかしさを感じさせることにつながっている。
　　ウ　子どもたちや大人たちが交流できる施設とすることにより，地域の伝統や文化を学び伝えることにつながっている。
　　エ　閉校した学校の施設を活用の仕方に応じて改修して利用することにより，地域の活性化につながっている。
　　オ　閉校した学校を活用したい会社を招き入れ，そこで活動してもらうことにより，地域の人口増加につながっている。

2 　そうたさんと弟のてつやさんは，プログラミング教室に参加しました。二人は家に帰ってから，プログラミングによって動くロボットについて話しています。

てつや：　今日は，ロボットを動かせて楽しかったね。
そうた：　そうだね。配られたロボットを，おそうじロボットにしてみようよ。
てつや：　そんなことができるの。
そうた：　ロボットにぞうきんを取りつければできるよね。まずは，ぼくたちの部屋をそうじするロボットの動き方を考えてみようよ。

　　二人は，自分たちの部屋をイメージした図（図1）をかきました。次に，ロボットに命令する順番（図2）を考えました。

そうた：　①から⑨の順番どおりに動かすと，部屋のゆかの大部分をそうじできそうだけど，そうじできない部分もありそうだね。

◁：ロボット　　⬅：ロボットが進む向き

① 　かべやたな，タンスに当たるまで前に進む。
② 　かべやたな，タンスに当たったら一度停止し，その場で90°左に回転する。
③ 　ロボットの大きさ（1マス）だけ前に進む。前に進めなければそうじを終わりにする。
④ 　その場で90°左に回転する。
⑤ 　かべやたな，タンスに当たるまで前に進む。
⑥ 　かべやたな，タンスに当たったら一度停止し，その場で90°右に回転する。
⑦ 　ロボットの大きさ（1マス）だけ前に進む。前に進めなければそうじを終わりする。
⑧ 　その場で90°右に回転する。
⑨ 　①にもどる。

※ 　部屋の周りは，かべで囲まれているものとする。

図1　部屋のイメージ　　　　図2　ロボットに命令する順番

[問1]　図1で示すロボットの位置から矢印の方向にスタートし，図2の順番で動かすと，ゆかをそうじできない部分があります。解答らんの図に，そうじできないゆかの部分をしゃ線 ▨ で示しなさい。
　　ただし，たなやタンスの下をロボットは通れないものとします。

（しゃ線の示し方の例）

　　次に二人は，どうしたらゆかをそうじできない部分がなくせるか話し合っています。

てつや：　どうしたら，ゆかをそうじできない部分がなくなるのかな。
そうた：　スタートの位置と向きを変えて，動かし方を考えてみたらどうかな。
てつや：　じゃあ，ためしてみよう。

　　二人は，四つのスタートの位置と向き（図3）をためしたところ，ゆかをそうじできない部分をなくす位置と向きを見つけたので，ロボットに命令する順番を考えました。

てつや：　やったね，お兄ちゃん。これなら同じところを二度通ることなく，ゆかをすべてそうじできるようになったよ。さっそくロボットを動かそうよ。

そうた：　ちょっと待って。ロボットの動きのカード（図4）を作って，カードを並べかえながらロボットの動きを整理してみよう。

てつや：　カードを並べかえたら，9回の命令で思いどおりの動きになったよ（図5）。

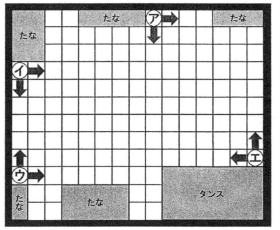

図3　ロボットのスタート位置と向き

A	かべやたな，タンスに当たるまで前に進む。
B	その場で90°右に回転する。
C	その場で90°左に回転する。
D	ロボットの大きさ（1マス）だけ前に進む。前に進めなければそうじを終わりする。
E	かべやたな，タンスに当たったら一度停止し，その場で90°右に回転する。
F	かべやたな，タンスに当たったら一度停止し，その場で90°左に回転する。

図4　ロボットの動きのカード

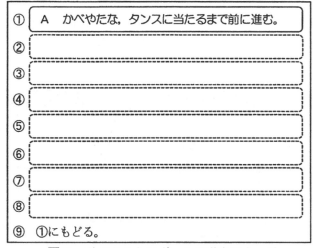

① A　かべやたな，タンスに当たるまで前に進む。
②
③
④
⑤
⑥
⑦
⑧
⑨　①にもどる。

図5　並べかえたロボットの動きのカード

[問2]　二人が考えた，ゆかをすべてそうじできるスタートの位置と向きはどれですか。スタート位置を図3の⑦から㋔の中から一つ選び，解答用紙の○の中に記号を書き，向きについては，以下の解答の例のように矢印をぬりつぶしなさい。
　　また，二人はロボットの動きのカードをどのように並べかえましたか。図5の②から⑧の［　　　　　　］にあてはまる動きのカードを，図4のAからFの中から一つずつ選び，記号で答えなさい。なお，AからFのカードはすべて使うものとします。ただし，AからFのカードは2回使ってもよいものとします。

（解答の例）スタートの位置が⑦で向きが左の場合　⬅⑦➡

- 4 -

3 栃木県のとちまる町に住むたけしさんは，書道展をみるため，一人でとなり町の文化センターに行きました。その帰りに，たけしさんは公衆電話からお母さんに電話をかけています。

たけし： お母さんどうしよう。お昼ご飯を食べたらねむくなって，バスの中でねてしまい，B駅で降りるはずが，通り過ぎたようなのであわててバスを降りたんだ。
母　　： 今どこにいるの。
たけし： 分からない。バスから降りて，少し歩いたところにある公園の公衆電話から電話をかけているよ。
母　　： 周りに目印になるようなものは見えるかしら。
たけし： うーん。太陽でまぶしいけれど，太陽の方向に，タワーが見えるよ。
母　　： となり町のタワーね。分かったわ。B駅への行き方を調べるから，とりあえずタワーに向かいなさい。タワーの中に公衆電話があるから，たどり着いたらまた電話しなさい。
たけし： 分かった。また電話するね。

　　母は，電話を切った後，むすめのえりかさんと話をしています。

母　　： どこの公園から電話をかけてきたのかしら。でも，タワーに着けばB駅までの道順を伝えられるから，家に帰って来られるわね。
えりか： お母さん，タブレットでとなり町の地図（図）を調べたら，たけしはこの公園から電話をしてきたことが分かったわ。
母　　： すごいわね。どうしてこの公園だと分かったの。

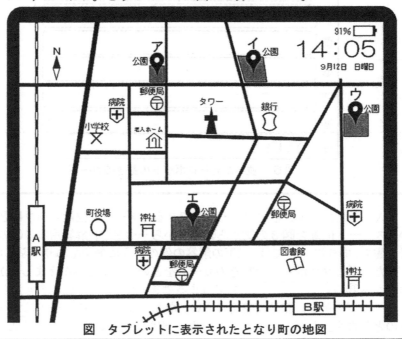

図　タブレットに表示されたとなり町の地図

［問1］ たけしさんが電話をかけた公園はどこですか。会話や図を参考に，図のアからエの中から一つ選び，記号で答えなさい。また，その記号を選んだ理由を書きなさい。

令和４年度県立中学校入学者選考問題

作　文

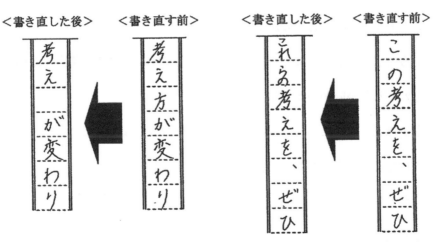

ある小学校の児童会では,「だれもが気持ちよく学校生活を送るために」というテーマで標語をぼ集しました。Aさんたちは,ろう下にけい示された標語（図）を見ながら,次のような会話をしています。

| わたしたち　十人十色の　仲間たち |
| あさひさん |

| みとめ合う　たがいの心を　あけるかぎ |
| たくみさん |

| 一人一人がちがったピース　つながり合って　パズルの完成 |
| ひかるさん |

図　ろう下にけい示された標語

Aさん：　三つともすてきな標語だね。

Bさん：　あさひさんの標語の「十人十色」という言葉の意味は,私_{わたし}たちにはそれぞれちがいがあるということなのかな。

Cさん：　そうだよ。いっしょにいる仲間でも,考えや好み,性格,得意なことなどは,人それぞれちがいがあるよね。

Dさん：　なるほど。人それぞれちがいがあることを知るのは大切だね。

Aさん：　私はたくみさんの標語を読んで,相手と自分のちがいを知って認_{みと}め合うことは大切だと思ったよ。

Bさん：　そうだね。おたがいに認め合うことで心を開いて,仲良くなっていけるといいね。

Cさん：　私はひかるさんの標語を読んで,一人一人のちがいをおたがいに理解して,協力したり助け合ったりしながら学校生活を送ることが大切だと感じたよ。

適性検査解答用紙【2】

受検番号 ［ ］ 番

得　点	【2】 ※

※ ［ ］ らんには何も記入しないこと。

4

[問 1] | | ※ 9点

[問 2] | m | ※ 12点

〔理由〕

5

[問 1]

縦の長さ	cm	※ 12点
横の長さ	cm	
布の長さ	cm	

[問 2]

順番	種目	時間（分間）
1	D	
2		
3		
4		
5		
6	F	10

※ 12点

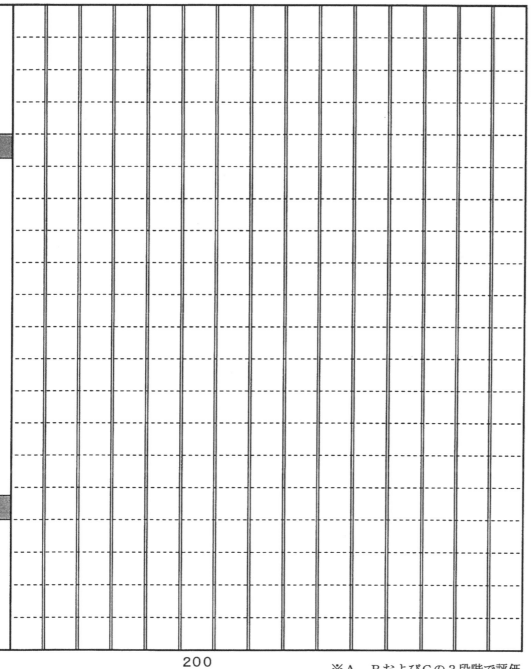

作文解答用紙（題名と氏名は書かないこと。）

200

※A，BおよびCの３段階で評価

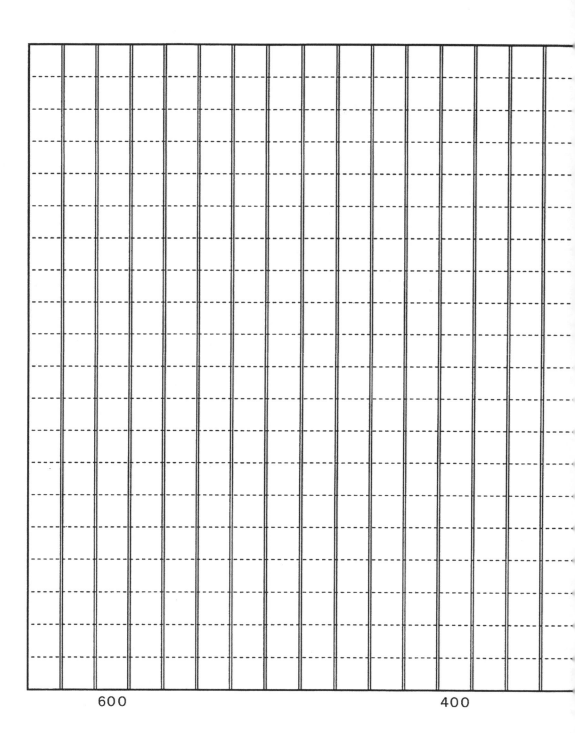

600

400

適 性 検 査 解 答 用 紙【1】

受 検 番 号		番

		【1】	【2】	計
得 点	※	※	※

※　　　　　らんには何も記入しないこと。

※100点満点

1

[問 1]

ア		イ		ウ		エ		オ	

※ 10点

[問 2]

※ 6点

2

[問 1]

※ 8点

[問 2]

②		③		④		⑤	
⑥		⑦		⑧			

※ 9点

3

[問 1]

記号		〔理由〕

※ 12点

[問 2]　〔不足していたこと〕

※ 10点

K 教英出版

【解答用

Dさん：　Cさんの話を聞いて，みんなが支え合うことが大切だと思ったよ。みんなが支
　　　　　え合っていけば，笑顔(えがお)で生活することができそうだね。

　　　　　この後も話は続きました。

　　┌───┐
　　│　　だれもが気持ちよく学校生活を送るために，あなたはどのようなことをしたいと思　│
　　│　いますか。図や会話を参考にして，次の条件に従(したが)って書きなさい。　　　│
　　│　（条件）　　　　　　　　　　　　　　　　　　　　　　　　　　　　　　　　　│
　　│　　ア　あなたがしたいことを具体的に書きなさい。　　　　　　　　　　　　　　　│
　　│　　　　そうすることで，なぜだれもが気持ちよく学校生活を送ることができるのか，　│
　　│　　　理由も書きなさい。　　　　　　　　　　　　　　　　　　　　　　　　　　│
　　│　　イ　あなたが経験したこと，または，見聞きしたことにもふれなさい。　　　　　│
　　│　　ウ　字数は６００字程度で書きなさい。　　　　　　　　　　　　　　　　　　│
　　└───┘

K 教英出版

しばらくすると，たけしさんから電話がかかってきました。えりかさんは，たけしさんに道案内をするよう母からたのまれたので，タブレットに表示された地図を見ながら，たけしさんにタワーからB駅へ向かうための道順を次のように伝えました。

えりか：　たけし，メモをとる準備はできたかしら。

たけし：　いつでもいいよ。まちがえずにメモを取りたいから，ゆっくり話してね。

えりか：　じゃあ，ゆっくり説明するね。<u>まず，タワーに面している道に出て，タワーを背にして左に進んでね。まっすぐ進んだら，右に曲がってね。しばらく行くと左側に郵便局が見えるわ。その手前の道を左に曲がってね。</u>つき当たりに病院があるから，そこを右に曲がるのよ。つき当たりまでまっすぐ進んで右に曲がると，すぐに左側に駅が見えるわ。これでB駅に行けるはずよ。まちがわずにメモをとれたかな。迷ったらまた電話してね。

たけし：　分かったよ。

　１５分後，たけしさんから電話がかかってきました。

たけし：　郵便局まで来たけれど，郵便局は右側にあるし，手前の道は右にしか曲がれないよ。

えりか：　たけし，メモを読み上げてみて。

　たけしさんは，メモを読み上げました。

えりか：　なるほど，わたしが説明したとおりだね。わたしの説明に足りないところがあったからB駅に行けなかったのね。ごめんね。

[問２]　下線部において，道案内の説明が不足していたことで，たけしさんは道をまちがえてしまいました。えりかさんの説明にはどのようなことが不足していたか書きなさい。

4 たいきさんたち６年生の代表委員は，１年生との交流会で行うレクリエーションについて話し合っています。

たいき：　１年生に楽しんでもらえる種目にしたいね。
ひとみ：　前回の話合いでは，輪投げ，学校クイズ，じゃんけん列車の三つの案が出ていたわね。この後は，どうやって決めようか。
かずし：　６年生にアンケートをとって，決めようよ。
しおり：　みんなの意見を点数にできるアンケートを作ればいいね。
ひとみ：　代表委員でアンケートを考えよう。

　代表委員は，次のようなアンケート（図１）を作り，６年生７０人に回答してもらいました。そして，その結果をまとめました（表）。

１年生との交流会で行うレクリエーションとして，あなたは次の種目をどれくらいおすすめしますか。おすすめしたい分だけ☆をぬってください。
輪投げ　☆　☆　☆　☆　☆
学校クイズ　☆　☆　☆　☆　☆
じゃんけん列車　☆　☆　☆　☆　☆

図１　代表委員が作ったアンケート

種目 ＼ 点数	０点	１点	２点	３点	４点	５点
輪投げ	０人	１人	３人	２９人	２５人	１２人
学校クイズ	１人	２人	９人	２０人	１９人	１９人
じゃんけん列車	１人	０人	７人	２４人	２４人	１４人

※ぬられた☆の数が一つで１点とする。

表　６年生７０人のアンケート結果

[問１]　たいきさんたちは「輪投げ」に決めました。表の結果から「輪投げ」を選んだ理由として考えられるものを，次のアからオの中からすべて選び，記号で答えなさい。

ア　４点以上の高い点数をつけた人数の合計が，一番多い。
イ　平均値が，一番高い。
ウ　０点をつけた人が，一人もいない。
エ　５点をつけた人が，一番多い。
オ　２点以下の低い点数をつけた人数の合計が，一番少ない。

しおり：　輪投げのきょりはどうしようか。

かずし：　１年生に楽しんでもらえるきょりにしたいね。カラーコーンに向けて輪を１０回投げたときに，何回くらい入ると１年生はうれしいのかな。

たいき：　全部入ってしまうのも，全然入らないのもつまらないよね。

ひとみ：　そうね。投げた回数の半分より多く入ったらうれしいと思うわ。

かずし：　なるほど。１０回投げたら，６回以上入るということだね。

しおり：　それなら，１年生に輪投げを体験してもらい，ためしてみようよ。

　次の日の昼休みから，１年生の代表２１人に，輪投げをしてもらいました。黒板に回数を書いておき，一人１０回投げて，入った回数のところに丸磁石（まるじしゃく）をはってもらい，記録（図２）をとりました。

　輪投げのきょりを一日ごとに変え，４種類（1.2m，1.4m，1.6m，1.8m）の記録をとり，その中から交流会当日の輪投げのきょりを選ぶことにしました。

たいき：　記録はとれたけど，どのきょりにしようか。

しおり：　６回以上入った人数が，投げた人数の半分以下になったきょりは，やめよう。

ひとみ：　そうね。それに，全員が６回以上入ってしまったきょりも，簡単（かんたん）すぎてつまらなそうだからやめよう。

かずし：　そうだね。それなら，体験した１年生のうち６回以上入った人数の割合（わりあい）が，８割をこえたきょりにすれば，盛り上がって楽しいよね。

たいき：　いいね，そうしよう。

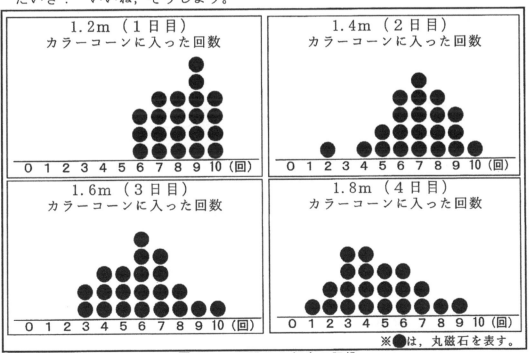

図２　４日間の１年生の記録

[問２]　会話や図２をもとに，たいきさんたちが選んだきょりを答えなさい。また，そのきょりを選んだ理由を，式と言葉を使って説明しなさい。

5 子ども会のお楽しみ会について，プレゼントを担当する班と交流遊びを担当する班に分かれて話し合っています。プレゼントを担当する班では，お楽しみ会のプレゼントにマスクを作ることが決定し，インターネットでプリーツマスクの作り方（図1）を調べました。

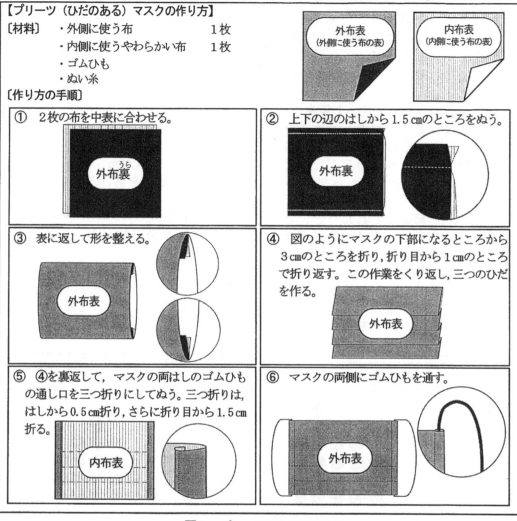

図1　プリーツマスクの作り方

ゆいと：　マスクの大きさ（図2）は，縦10cm，横15cmになるように作ろうよ。1枚のマスクを作るための布は，縦と横の長さがそれぞれ何cmになるのかな。

ちはる：　それが分かれば，参加者（表1）に一人1枚ずつ配るために準備する布の大きさが分かるわね。そうだ，予備として2枚多く準備しましょう。

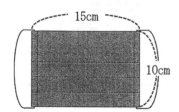

図2　マスクの大きさ

学年	1年	2年	3年	4年	5年	6年	合計
人数（人）	5	7	8	7	6	7	40

表1　子ども会の学年別参加人数

そこで二人は，まず外側に使う布を買うために，近所の手芸店に行きました。

手芸店で売っている布（図3）は，はば110cmで，必要な長さを10cm単位で切り売りしていました。

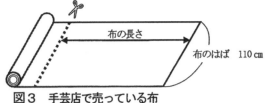

布の長さ

布のはば　110cm

図3　手芸店で売っている布

[問1]　1枚のマスクを作るために必要な，マスクの外側に使う布の縦と横の長さを答えなさい。

また，予備も加えて必要な枚数のマスクの材料を準備するには，布の長さは何cm切り売りしてもらえばよいか答えなさい。

ただし，できる限り布が余らないように買うこととします。

交流遊びを担当する班は，お楽しみ会の進行表（表2）を確認しながら種目について話し合っています。

開始時刻	内　容
9:20	始まりの会
9:30	交流遊び
11:30	【休けい・準備】
11:35	プレゼントタイム
11:40	終わりの会

表2　お楽しみ会の進行表

	種　目	参加学年
A	ペットボトルはこびリレー	1年・2年
B	たからさがしゲーム	3年・4年
C	ペットボトルボウリング	5年・6年
D	ゴムてっぽうしゃてき	1年～3年
E	ピンポン玉リレー	4年～6年
F	あと出しじゃんけん	全員（1年～6年）

表3　交流遊びの種目と参加学年

まさし：　種目が六つ（表3）あるけれど，段取りよく進むよう順番を考えよう。

え　み：　事前に用意するものが多い種目Dは，お楽しみ会が始まる前に準備をして，1番目にすることにしましょう。

かんな：　ペットボトルをたくさん使う種目Aと種目Cは，順番が続くといいよね。

まさし：　最後は，みんなで楽しめるよう，全員参加の種目Fにしよう。

え　み：　他の学年が遊んでいる間に休めるように，1番目から5番目までの種目は，参加する学年が続かないようにするといいわね。

かんな：　次は，それぞれの種目の時間も考えましょう。交流遊びの時間は，午前9時30分から午前11時30分の予定よね。

まさし：　遊ぶ時間だけでなく準備時間も必要だよ。

え　み：　それじゃあ，種目と種目の間には5分間の準備時間をとりましょう。

まさし：　それぞれの種目の時間は，参加学年の数をもとに考えよう。種目Dと種目Eは，三つの学年が参加するから，二つの学年が参加する種目A，種目B，種目Cよりも5分間長くするのはどうかな。

かんな：　いいわね。種目Fは，すべての学年が参加するけれど，10分間あれば楽しめるわ。

[問2]　会話や表1，表2，表3から，種目の順番とそれぞれの種目の時間を答えなさい。

K 教英出版

令和３年度県立中学校入学者選考問題

適 性 検 査

注　　意

1　「始めなさい」の合図があるまでは，開いてはいけません。

2　検査時間は，９時５０分から１０時４０分までの５０分間です。

3　問題は $\boxed{1}$，$\boxed{2}$，$\boxed{3}$，$\boxed{4}$，$\boxed{5}$ で，表紙を除いて１１ページです。
また，別に解答用紙が２枚あります。

4　「始めなさい」の合図があったら，すぐに受検番号をこの表紙と解答用紙
【１】，【２】の決められたらんに書きなさい。

5　答えは，必ず解答用紙の決められたらんに書きなさい。

6　「やめなさい」の合図があったら，すぐやめて，筆記用具を置きなさい。

宇都宮東高等学校附属中学校
佐野高等学校附属中学校
矢板東高等学校附属中学校

受 検 番 号		番

K 教英出版

1 ある日の夕食後，わたるさんと弟のきよしさんは，農業を営んでいる父と話をしています。

わたる：　お父さんが作ったいちごは，やっぱりおいしいね。

父　　　：　そうか，ありがとう。実は，いちご作り以外にもいろいろと勉強したいと思って，今日は農業をしている人たちが集まる勉強会に参加してきたよ。この資料（図1）は，そのときに出されたものだけれど，2人にも問題にちょう戦してもらおうかな。

わたる：　この左側の表は，世界の国々の食料自給率を表しているものだね。

父　　　：　表のアからオの中のどれが日本を表しているかわかるかな。

きよし：　お父さん，何かヒントを出してよ。

父　　　：　いいよ。学校の給食にも出るパンやスパゲッティの主な原料の自給率は，表の5か国の中だと下位3か国に入っているよ。

わたる：　なるほど。右側のグラフもヒントになるのかな。

父　　　：　もちろんだよ。表とグラフの両方をよく見て考えてね。

きよし：　他にもヒントを出してよ。

父　　　：　いちごがふくまれる品目の自給率は，この表の5か国の中だと上位3か国に入っているよ。いちごは野菜類にふくまれるから，気をつけて考えてね。

わたる：　ぼくは，今のヒントでわかったよ。それにしてもぼくたちが毎日食べているものは，国産だけでなく外国産も多いということがわかるね。

父　　　：　この資料を見たことで，私たちの食について考えるきっかけになったようだね。

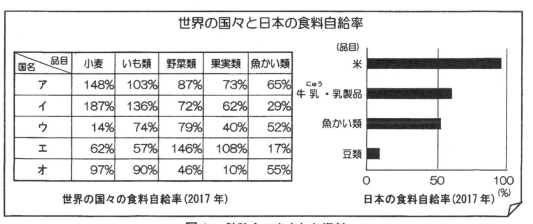

図1　勉強会で出された資料

（「農林水産省ウェブサイト」をもとに作成）

[問1]　図1の表の中で日本を表しているものを，アからオの中から一つ選び，記号で答えなさい。

食の問題に興味をもったわたるさんは，学校の総合的な学習の時間に栃木県の農業について調べ，発表原こう（図2）と資料（図3）を使って，グループごとに中間発表を行いました。

　　みなさん，日本は多くの食料を輸入していることを知っていますよね。では，これは何の写真だと思いますか。実は，栃木県産のいちごについて，外国で宣伝しているトラックの写真です。
　　栃木県では，いくつかの農産物が世界の国々に向けて輸出されていて，その輸出額は年々高くなってきています。では，どのような農産物が輸出されているのでしょうか。牛肉や花の割合が大きいですが，いちごや米，なしなども輸出されています。栃木県産の農産物が外国でも食べられていると知り，とてもうれしくなりました。
　　次に，国内に出荷されている農産物を見てみましょう。例えば，栃木県内で生産された米は，県外にも出荷されていることがわかりました。栃木県内で消費されている量よりも，県外に出荷されている量の方が多いということを知り，おどろきました。
　　そして，栃木県で有名な農産物といえば，やはりいちごですよね。いちごは栃木県の特産物の一つで，都道府県別の産出額は日本一です。なぜ栃木県でいちごづくりが盛んになったのかについても，さらに調べていきたいと思います。

図2　発表原こう

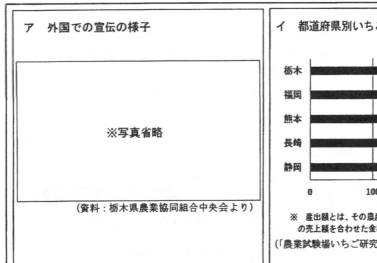
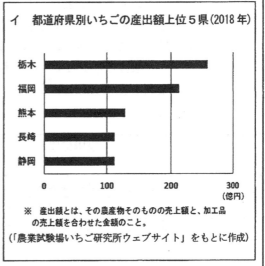

図3　使った資料

　りおなさんは，中間発表を聞いて，感想を述べています。

りおな：　中間発表は，とてもよかったよ。写真やグラフなどの資料を多く使って発表すると，もっとわかりやすくなるね。他にも，原こうの内容に合う資料はなかったのかな。
わたる：　そうだね，もっとわかりやすい説明になるように，集めた資料（図4）の中から使えそうな資料を見つけて，つけたしてみるよ。

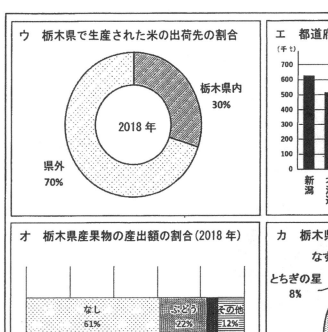

ウ　栃木県で生産された米の出荷先の割合

栃木県内
30%

2018 年

県外
70%

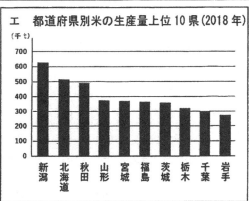

エ　都道府県別米の生産量上位 10 県(2018 年)

（千 t）

新潟　北海道　秋田　山形　宮城　福島　茨城　栃木　千葉　岩手

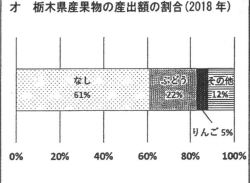

オ　栃木県産果物の産出額の割合 (2018 年)

なし
61%

ぶどう
22%

その他
12%

りんご 5%

0%　20%　40%　60%　80%　100%

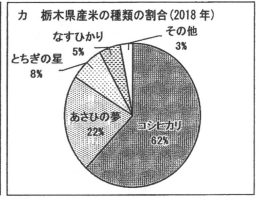

カ　栃木県産米の種類の割合 (2018 年)

なすひかり
5%

その他
3%

とちぎの星
8%

あさひの夢
22%

コシヒカリ
62%

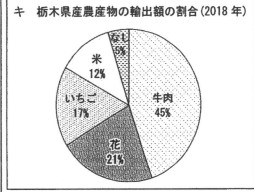

キ　栃木県産農産物の輸出額の割合 (2018 年)

なし
5%

米
12%

いちご
17%

花
21%

牛肉
45%

ク　栃木県産農産物の輸出額の移り変わり

（千万円）

2013　2014　2015　2016　2017　2018
（年度）

図4　わたるさんのグループで集めた資料

（「令和2年度版とちぎの農業」，「農業試験場いちご研究所ウェブサイト」，「令和元年度農政部経済流通課資料」をもとに作成）

［問2］　わたるさんたちの発表がもっとわかりやすくなるように，図4の資料の中のウからクの中から最も適切なものを三つ選び，図3の資料（ア，イ）もふくめて，発表原こうの内容に合うよう並べかえて記号で答えなさい。

- 3 -

2 休日の朝，つとむさんと姉のゆうこさんは，朝食の準備をしています。

ゆうこ：　ご飯がたきあがるまでに，いろいろと準備しておかないとね。

つとむ：　おみやげでいただいた，のりのつくだにを食べようか。

ゆうこ：　そういえば，まだ開けていなかったよね。

つとむ：　ぼくがビンのふたを開けてみるよ。あれ，かたくて開かないや。

ゆうこ：　私（わたし）もやってみるわ。本当ね，開かないわ。こういうときは金属のふたの部分
　　　　　をお湯で温めるといいのよ。やってみましょう（図１）。

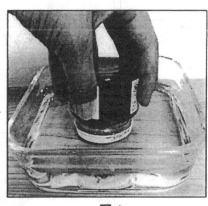

図１

ゆうこ：　もうそろそろいいかしら。これで開くと思うわ。

つとむ：　よし，開けてみるね。本当だ。確かに，ビンのふたの部分をお湯で温めたら
　　　　　ふたが開いたよ。どうしてかな。

ゆうこ：　熱によって金属のふたに変化があったからよ。身の回りにも同じ現象がある
　　　　　と思うよ。

つとむ：　そうなんだ。他にどんなことがあるのかな。

[問１]　下線部の現象と同じ理由により生じる現象はどれですか。最も適切なもの
を，次のアからエの中から一つ選び，記号で答えなさい。

ア　ほうれんそうを加熱すると，やわらかくなってかさが減ること。

イ　熱いコーヒーに砂糖（さとう）を入れると，冷たいコーヒーよりもとけやすくなること。

ウ　ドライヤーの温風を当てると，ぬれたかみの毛が早くかわくこと。

エ　気温が高くなると，温度計の赤い液体が上しょうすること。

つとむ：　次は，みそ汁を作ろう。この前，学校で配られた調理実習のプリント(図2)を参考にして，家族5人分の材料をそろえてみたよ。

　　　　あれ，調理実習のときは，塩分8％のみそを使ったけれど，うちのみそは塩分が何％かわからないな。

ゆうこ：　うちのみその容器には，栄養成分表示(図3)がはってあるわよ。調理実習のプリントをもとに考えると，みその塩分の量は食塩相当量と同じと考えられるから，うちのみその塩分は，　①　％だとわかるわね。

つとむ：　ぼくは，これから作るみそ汁の1人分にふくまれるみその塩分の量と，調理実習で作ったみそ汁の1人分にふくまれるみその塩分の量が，同じになるように作ろうと思っているよ。うちのみそを使った場合は，5人分で何gのみそが必要になるのかな。

ゆうこ：　調理実習のときに1人分のみそ汁に使ったみその塩分の量は　②　gだから，家族5人分では　③　gになるわね。その塩分の量にするためには，うちのみそを　④　g入れればいいと思うわよ。

つとむ：　さすがだね。これで，おいしいみそ汁ができそうだよ。

```
┌─────────────────────────────┐
│   みそ汁の材料と分量について        │
│        （4人分）                │
│                             │
│ ・水　　……　600mL           │
│ ・みそ　……　60g（塩分8％）   │
│ ・にぼし……　20g            │
│ ・とうふ……　120g           │
│ ・油あげ……　28g            │
│ ・ねぎ　……　40g            │
│                             │
│     ～注意～                  │
│ ※ みその塩分の量（g）については， │
│   食塩相当量とします。           │
│ ※ みその塩分（％）については，   │
│   （食塩相当量）÷（みその重さ）×100 │
│   で求めることができます。        │
└─────────────────────────────┘
```

図2　調理実習のプリント

栄養成分表示	
（100gあたり）	
エネルギー	191kcal
たんぱく質	12.3g
脂　　　質	6.1g
炭　水　化　物	21.7g
食　塩　相　当　量	12.0g

図3　ゆうこさんとつとむさんの家にあるみその表示

[問2]　会話の中の　①　，　②　，　③　，　④　にあてはまる数を，それぞれ答えなさい。

3　夏休みに，カナダに住むケン(Ken)さんが，こうたさんの家に宿はくすることになりました。ケンさんは初めて日本に来るので，こうたさんとお兄さんは，昔から伝わる日本の夏をすずしく過ごすための知恵（ちえ）について調べ，ケンさんに伝えることにしました。

そこで2人は，わかりやすく説明ができるように，調べたことを表にまとめました。

調べたこと		効果
うちわであおぐ ・ 細い竹に，紙などを張って，持つところをつけたもの。 ・ あおいで風を起こす。	**せんすであおぐ** ・ 細い竹や木に紙などを張って，折りたたみができるようにしたもの。 ・ あおいで風を起こす。	風を体に当てることにより，すずしくなる。
よしずを立てかける ・ 植物の「ヨシ」を編んだもの。 ・ 日の当たるのき下に，立てかけて使う。	**すだれをたらす** ・ 植物の「アシ」や細くわった竹などを糸で編んだもの。 ・ 日が差しこむ窓やのき下に，たらして使う。	① により，すずしくなる。
引きちがい戸を開ける ・ しょうじやふすまなど，横に開閉できる戸のこと。 ・ 戸を横に動かして部屋のしきりを自由に変えることができる。	**ふすまをす戸にかえる** ・ しょうじのわくの中に，すだれをはめこんだ戸のこと。 ・ 季節の変化に応じて，しょうじやふすまを外し，す戸に取りかえる。	② により，すずしくなる。
その他 ・ ふうりん，水の音（耳で聞いてすずしさを感じる。） ・ ござ（さわってすずしさを感じる。）		感覚にしげきを与えることにより，すずしさを感じる。

表　2人がまとめた表

[問1]　表の　①　，　②　に入る内容を考え，それぞれ書きなさい。

令和3年度県立中学校入学者選考問題

作　文

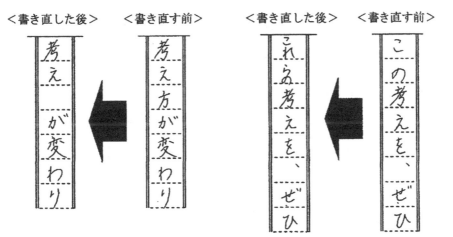
受　検　番　号		番

Aさんたちは，ろう下にけい示されていた「いちご一会とちぎ国体・いちご一会とちぎ大会」のポスター（図1）を見て，次のような会話をしています。

Aさん：　ポスターに書いてある国体や大会って何かな。

Bさん：　国民体育大会と全国障害者スポーツ大会のことだよ。

Cさん：　国内最大のスポーツの祭典だと聞いたことがあるわ。

Dさん：　２０２２年には，栃木県で開さいされるのね。

Aさん：　たくさんの人が集まって，盛り上がるといいなあ。

図1　ポスター
（いちご一会とちぎ国体・とちぎ大会実行委員会）

Bさん：　会場地市町村別競技（図2）を見ると，県内の各地で，さまざまな競技が行われることがわかるね。

Cさん：　多くの人がスポーツについて興味をもつようになりそうね。

Dさん：　そうだね。ところで，スポーツにはどのようなみりょくがあるのかしら。

Aさん：　やっぱり，スポーツをすることで達成感を味わったり，チームワークを学んだりできるというみりょくがあるよね。

Bさん：　ぼくは，スポーツをみることが楽しいな。試合を観戦することで選手と一体になって熱い感動を味わえるのは，素敵なことだと思うよ。

Cさん：　そういえば，試合のしん判や大会運営のボランティアをすることで，選手を支える喜びを感じたという話を聞いたことがあるわ。

Dさん：　それも素敵ね。私は，国民体育大会や全国障害者スポーツ大会の競技や選手について，もっと知りたいから調べてみるわ。

適性検査解答用紙【2】

| 得 点 | 【2】※ |

5

[問 1]

Aチーム		Bチーム		Cチーム		Dチーム		Eチーム	
学年	地区	学年	地区	学年	地区	学年	地区	学年	地区
6	南	6	南			6	南	5	北
5	北		南			4	北	5	北
3	北							4	南
2	南	2							
						1			

※ 12点

[問 2]

※ 12点

作文解答用紙　（題名と氏名は書かないこと。）

200

※A，BおよびCの３段階で評価

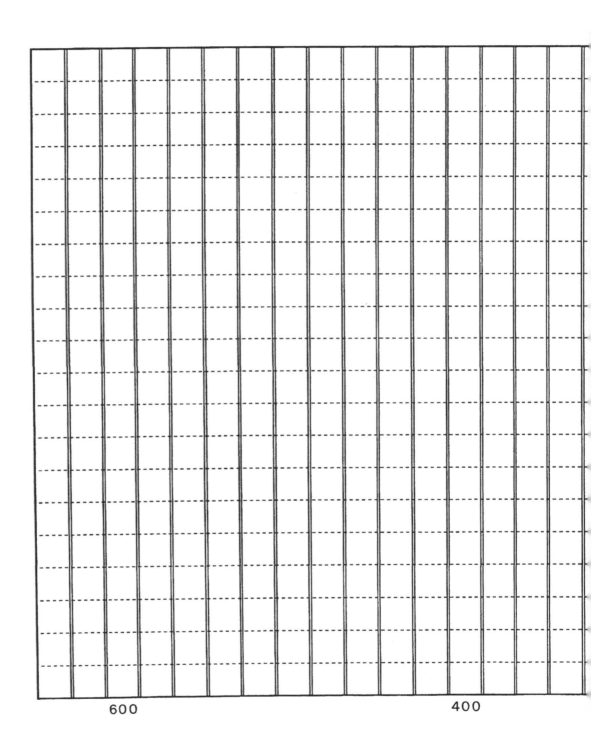

600

400

K 教英出版

【解答用

適性検査解答用紙【1】

受検番号	番

得　点	【1】	【2】	計
	※	※	※

※100点満点

※　　　　　　らんには何も記入しないこと。

1

[問 1]

[　　　　　　　　　　　　　]

※

4点

[問 2]

[　　　→　　　　→　　　　→　　　　→　　　]

※

15点

2

[問 1]

[　　　　　　　　　　　　　]

※

4点

[問 2]

①　　　　　　　　%	②　　　　　　　　g
③　　　　　　　　g	④　　　　　　　　g

※

12点

3

[問 1]

①

②

※

10点

[問 2]

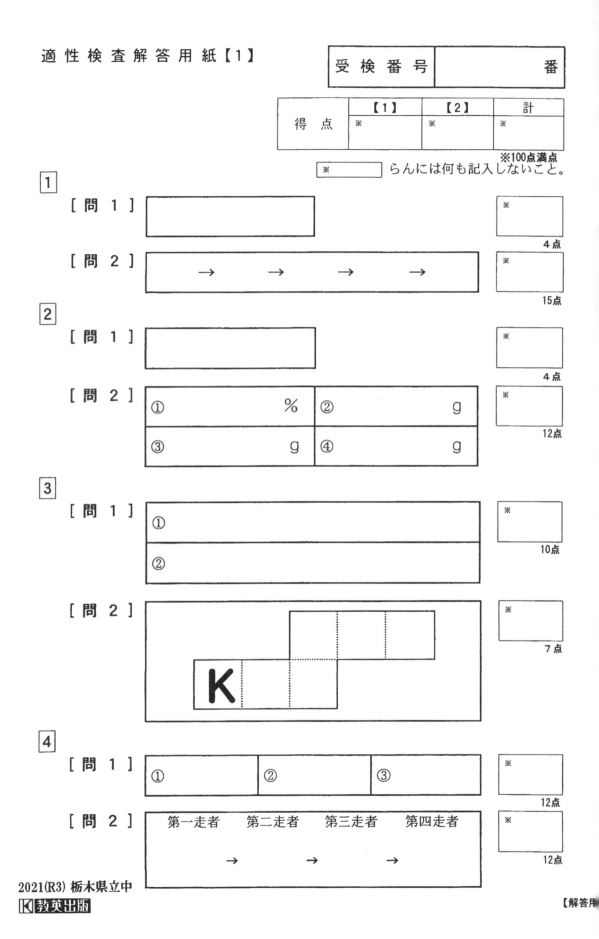

※

7点

4

[問 1]

①	②	③

※

12点

[問 2]

第一走者　　　第二走者　　　第三走者　　　第四走者

　　　→　　　　　　→　　　　　　→

※

12点

【解答用

※図省略

図2　会場地市町村別競技（いちご一会とちぎ国体・とちぎ大会実行委員会）

あなたは，スポーツにはどのようなみりょくがあると考えますか。図や会話を参考にして，次の条件に従って書きなさい。

（条件）
　ア　自分の考えと，その理由を書きなさい。
　イ　あなたが経験したこと，または，見聞きしたことにもふれなさい。
　ウ　字数は６００字程度で書きなさい。

K 教英出版

次に，こうたさんとお兄さんは，ケンさんといっしょにできる遊びを考え，すごろくに決めました。そして，2人はケンさんに喜んでもらえるように特別なルールを考え，お兄さんがメモにまとめました。

【お兄さんが書いたメモ】

《つくるもの》
○ すごろくボード
○ コマ
○ サイコロ
  ・ 画用紙で手づくりする。サイコロにK，E，Nと書く。
  ・ 図1のようにKENと見えるようにし，その他の面には何も書かない。

《ルール》
○ サイコロの目は，Kが4，Eが3，Nが2，その他の空白の面は1とする。

図1 サイコロ

兄　　　： サイコロを組み立てたよ。こうた，K，E，Nと書いてごらん。
こうた： うん。でも，紙でできているから，サイコロがつぶれて書きにくいよ。
兄　　　： うまく書けないなら，一度サイコロを開いて，K，E，Nと書いてみたらどうかな。
こうた： なるほど。開いてみたら，Kがうまく書けたよ（図2）。平面だと書きやすいね。あれ，EとNは，どこにどのように書くのかな。

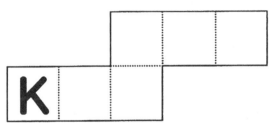

図2 サイコロの展開図

[問2]　図2の展開図を組み立てたときに，図1のサイコロと同じになるように，EとNを文字の向きに注意して展開図に書きたしなさい。
　　　　ただし，のりしろは考えないものとします。

④ 運動会で行われるクラス対こうリレーの代表選手を決めることになりました。そこ
で，６年１組では，まず男子のリレーの代表選手４人を決めるため，立候補した８人
について，放課後に実施した１０日間の８０ｍ走の記録の平均（表１）をもとに，決め
ようとしています。

(単位：秒)

	おさむ	つよし	けいた	ゆうや	しょう	たけし	まさる	ひろたか
記録の平均	13.1	13.7	14.0	13.7	13.9	13.7	13.1	12.8

表１　１０日間の８０ｍ走の記録の平均

あゆみ：　１０日間の８０ｍ走の記録の平均がよかった順に選ぶと，ひろたかさん，
　　　　　おさむさん，まさるさんは決まりだね。

たける：　そうだね。４番目によかった記録は１３．７秒だから，つよしさん，ゆうや
　　　　　さん，たけしさんの３人が候補になるね。

ゆ　み：　どうやって，４人目の選手を決めればいいかな。

つばさ：　先生に，３人の１０日間の８０ｍ走の記録（表２）を見せてもらって，考えて
　　　　　みようよ。

(単位：秒)

	1日目	2日目	3日目	4日目	5日目	6日目	7日目	8日目	9日目	10日目	平均
つよし	13.8	13.5	13.5	14.2	13.7	13.6	13.0	14.2	13.9	13.6	13.7
ゆうや	13.8	13.8	13.4	13.8	13.7	13.9	13.5	13.6	13.8	13.7	13.7
たけし	14.1	14.0	13.9	13.8	13.7	13.7	13.6	13.5	13.4	13.3	13.7

表２　３人の１０日間の８０ｍ走の記録

けんた：　ぼくは，つよしさんがいいと思うな。理由は，　①　から。

なおと：　そうだね。でも，ゆうやさんは，　②　という点ではいいんじゃないかな。

ひろみ：　そうね。でも，たけしさんもいいと思うわ。理由は，　③　から。

さちこ：　代表選手を選ぶときには，いろいろな考え方があるんだね。

[問１]　会話の中の　①　，　②　，　③　にあてはまる最も適切な言葉を，
次のアからオの中から，それぞれ一つずつ選び記号で答えなさい。

ア　後半の５日間では，毎回３人の中で一番速い記録を出している

イ　８０ｍ走の記録が，だんだん速くなってきている

ウ　平均の１３．７秒よりも速い記録を６回出している

エ　３人の中で一番速い記録を出している

オ　一番速い記録と一番おそい記録の差が，３人の中で最も小さい

一方，6年2組では，女子の代表選手4人が決まったので，この4人が走る順番について話し合っています。

よしこ：　まずは，4人の3日間の80m走の記録（表3）を見てみましょう。

（単位：秒）

		1日目	2日目	3日目
A	よしこ	13.7	13.7	13.7
B	あけみ	13.9	13.6	13.9
C	さゆり	13.9	13.8	14.0
D	みさと	13.8	14.1	13.8

表3　4人の3日間の80m走の記録

さゆり：　第二走者は，重要なので3日間の記録の平均が一番よかった人にしよう。

みさと：　うん，そうしよう。第四走者は，リードされていても最後に逆転できるかもしれないから，3日間の記録の中で，一番速い記録を出した人にしよう。

よしこ：　それでは，第一走者と第三走者は，どうやって決めたらいいかな。リレーでは，3回のバトンパスのスピードを落とさずに行うことが大切よね。

あけみ：　それなら，テイクオーバーゾーンの通過記録（表4）を見て決めましょう。

さゆり：　4人で走ったときのテイクオーバーゾーンの通過記録を合計したときに，最も速くなるように順番を決めようよ。これで走る順番が決まりそうだね。

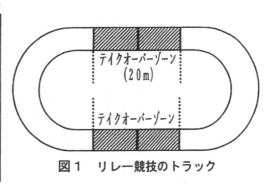

（単位：秒）

前の走者	後の走者	記録	前の走者	後の走者	記録
A	B	4.0	C	A	3.7
A	C	4.0	C	B	4.0
A	D	3.7	C	D	3.8
B	A	3.9	D	A	3.7
B	C	4.1	D	B	4.1
B	D	4.1	D	C	3.9

図1　リレー競技のトラック

表4　テイクオーバーゾーンの通過記録

※　「記録（秒）」は，前の走者が，テイクオーバーゾーン（図1）に入ってから，後の走者がバトンを受け取って，テイクオーバーゾーンを出るまでの時間です。

[問2]　上の会話に合うように走る順番を決めると，どのような順番になりますか。表3のAからDの記号で答えなさい。

5 子ども会の行事で，お楽しみ会を開くことになりました。そこで，6年生のさとしさんたちが中心となり，公民館でお楽しみ会をどのように進めていくか決めています。

さとし： お楽しみ会で，何をするか考えよう。
ひろこ： 1年生から6年生まで参加するので，みんなで楽しめるものがいいわ。
はじめ： 雨の日でもできるように，室内でできるゲームにしたらどうかな。
さとし： そうだね。そうしよう。

さとしさんは，育成会長さんからメモ（図1）をもらって，子ども会の人数を確認しました。

さとし： 学年と地区のバランスを考えると，チーム分けが難しいな。
はじめ： チーム分けの条件（図2）を考えてみたよ。どうかな。
りさこ： いいわね。学年や地区のかたよりがなさそうね。
はじめ： この三つの条件を満たすチーム分けの表を，ホワイトボードに書いてみるね。表は見やすいように，学年順に書くよ。
りさこ： 表が完成したわね。これなら条件を満たしているわ。はじめさん，よいチーム分けね。書き写すから，まだ消さないでね。
さとし： しまった，ごめん。とちゅうまで消しちゃったよ（表）。どうしよう。
ひろこ： 安心して。育成会長さんのメモとはじめさんが考えたチーム分けの条件があれば，元どおりに直せるわ。

~子ども会の人数~

学年	北地区	南地区
6年	1	3
5年	3	1
4年	2	2
3年	1	2
2年	3	2
1年	1	0

図1 育成会長さんのメモ

~チーム分けの条件~

一 6年生を6ポイント，5年生を5ポイントというように，学年をポイントとし，各チームの合計ポイントを同じにすること。

二 チームは4人または5人のチームとすること。ただし，1年生は5人のチームに入れること。

三 各チームとも，北地区と南地区の人数にかたよりがないようにすること。ただし，5人のチームは北地区を1人多くすること。

※ 表は，見やすいように学年順に整理する。（例えば，6年生の次を3年生にしない，など）

図2 はじめさんが考えたチーム分けの条件

Aチーム		Bチーム		Cチーム		Dチーム		Eチーム	
学年	地区	学年	地区	学年	地区	学年	地区	学年	地区
6	南	6	南			6	南	5	北
5	北		南			4	北	5	北
3	北							4	南
2	南	2							
						1			

表 とちゅうまで消されてしまった表

[問1] はじめさんが考えたチーム分けの三つの条件に合うように，とちゅうまで消されてしまった表の空らんに学年と地区を書き入れ，元どおりに直して完成させなさい。

さらに，さとしさんたちは，話合いをしています。

さとし：　次は，飲み物について決めよう。

はじめ：　育成会長さんから，飲み物代として１５００円を預かったよ。

今日は公民館のとなりのスーパーマーケットの特売日だから，そこで買おう。これがそのチラシ（図３）だよ。

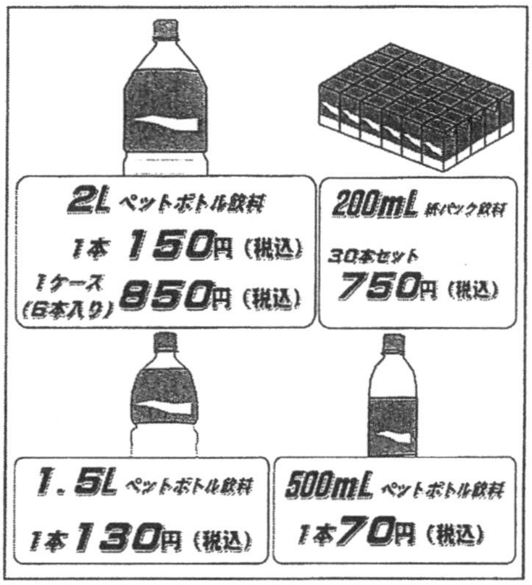

りさこ：　５００mLのペットボトル飲料を全員分買うと，１４７０円ね。みんなで買いに行きましょう。

ひろこ：　待って。大きいペットボトル飲料を買って，公民館にあるコップで２５０mLずつ２回に分けて配れば，同じ量を飲めるわよ。これなら安く買えるわ。

図３　飲み物の価格がわかるチラシ

さとし：　それだ。１人あたり５００mLとすると，どのように買えばよいだろうか。

りさこ：　２Lのペットボトル飲料をケース売りで買えば８５０円で安く買えるわよ。

さとし：　でも，それだと飲み物が余ってしまうよね。飲み物を余らせることなく安く買う組み合わせはないかな。

ひろこ：　①私はケース売りより１０円安く買える組み合わせを見つけたわよ。

はじめ：　もっと安く買える方法がありそうだよ。大きいペットボトルだけが安く買えるわけでもないみたいだよ。

りさこ：　②あら，ケース売りよりも３０円も安く買える組み合わせを見つけたわ。

はじめ：　ケース売りよりも安く買える組み合わせは，その二つだけみたいだね。

さとし：　よし，みんなで買いに行こう。

[問２]　ひろこさんの考えた下線部①の組み合わせと，りさこさんの考えた下線部②の組み合わせのそれぞれの買い方について，言葉や式を用いて説明しなさい。

これで，問題は終わりです。

K 教英出版

令和２年度県立中学校入学者選考問題

適性検査

宇都宮東高等学校附属中学校
佐野高等学校附属中学校
矢板東高等学校附属中学校

受 検 番 号		番

K 教英出版

1 みさきさんの小学校では，けい示委員会の活動として毎月テーマを決めて，けい示
物を作っています。9月には「防災の日」があるので，テーマは防災に関することに
なりました。みさきさんたちは，けい示物の内容について話をしています。

みさき：　9月1日の「防災の日」に，地域で行われた防災訓練に参加してきたの。
　　　　　そのときにもらった資料をまとめてきたよ（図1）。
たくみ：　ありがとう。この資料からわかることを考えてみようよ。

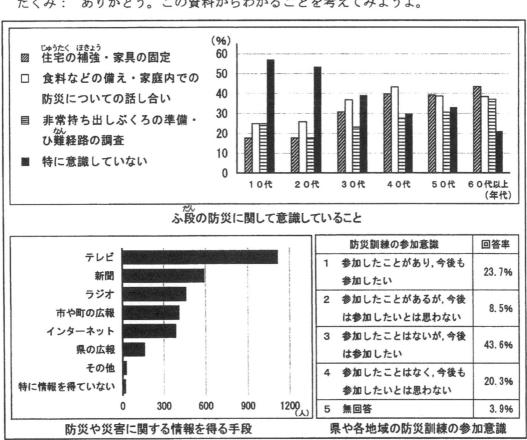

図1　みさきさんがまとめた資料

（「栃木県地域防災計画資料・平成28年防災アンケート調査結果」，「平成28年度県政世論・地域防災について」をもとに作成）

[問1]　　図1の資料からわかることとして最も適切なものを，アからエの中か
　　　ら一つ選び，記号で答えなさい。

　　ア　60代以上は，防災や災害に関する情報をテレビから得ている人が
　　　多い。
　　イ　年々，防災や災害に関する情報をラジオから得る人が減り，インタ
　　　ーネットから情報を得る人が増えている。
　　ウ　10代，20代は，防災に関して意識している人の割合が他の年代
　　　より高い。
　　エ　今後，防災訓練に参加したいと回答した人の割合は，5割以上であ
　　　る。

みさきさんたちは，それぞれ分担して次のような五つのけい示物の素材（図2）を作成しました。

家族防災会議を開こう！ 〔災害が起こる前に〕 ◇いざという時のために日ごろから確認しておこう ●ひ難場所や安全なひ難経路を確認！ 〔通学路やよく使う道を見てみよう。〕 〔とちのは公園ひ難場所〕〔危険な場所を知っておこう。〕 ●非常持ち出しぶくろを準備！ ●家族と連らくをとる方法を確認！ ア	**もし，登下校中に災害が起きたら…？** ◇まずは安全を確保しよう 地しん　物が落ちてこない・たおれてこない・移動しない安全な場所へひ難する。 かみなり　建物内にひ難する。建物がなければ，姿勢を低くする。 たつ巻　じょうぶな建物内にひ難する。建物がなければ，くぼみなどに身をふせる。 ◇学校や家，ひ難所など近いところにひ難しよう イ
災害が起きた時は情報収集が大切！ ◇気象庁や市や町からの情報を集めよう テレビやラジオ，気象庁ホームページや防災メール等 （停電の時や外出している時にも備えておこう！） 市や町から出される三つのひ難情報 【ひ難準備・高れい者等ひ難開始】 ↓ 手助けが必要な人がひ難を始める。 【ひ難かん告】 ↓ 安全な場所へのひ難をすすめる。 【ひ難指示（きん急）】 直ちにひ難する。 ウ	**ぼくたちわたしたちがみんなに伝えたいこと！** 　自然災害はいつ起こるかわかりません。だからわたしたちは，日ごろから災害に対する備えをすることが大切だと思います。 　また，災害が起きた時は，正しい判断をして行動していくことが命を守ることにつながります。 　災害が起きた時に，命を守る行動がとれるように，防災訓練にも積極的に参加してみましょう。 　ぜひ家族や地域の方といっしょに防災について考えてみてください。 （6年・けい示委員より） エ

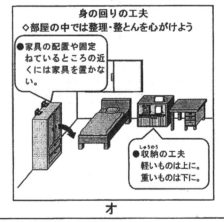

身の回りの工夫
◇部屋の中では整理・整とんを心がけよう
●家具の配置や固定　ねているところの近くには家具を置かない。
●収納の工夫　軽いものは上に。重いものは下に。
オ

図2　みさきさんたちが作成したけい示物の素材

これらの素材を，防災に関するけい示物（図3）にどのように割り付けるかについて話し合って決めることになりました。

みさき：　最も伝えたい素材は，一番上の目立つところにしようよ。

たくみ：　日ごろの備えが大切だということを意識できる素材がいいね。

ゆうと：　災害に対しての備えをしっかりするには，まず家族で話し合う機会をもってほしいな。

ひ　な：　それなら，家族防災会議の素材を①にしましょう。

ゆうと：　いいね。それから，みんなの感想や呼びかけを書いたまとめの素材は最後
　　　　　だね。

みさき：　家族防災会議でひ難場所やひ難経路についてふれているから，登下校中の
　　　　　ひ難に関する素材を②か③にした方がいいんじゃないかしら。

たくみ：　自分たちがひ害を少なくするためにできることについても，いざという時
　　　　　のために日ごろから確認しておけることだから，みさきさんと同じように家
　　　　　族防災会議の素材の近くに置きたいな。

ひ　な：　それじゃあ，上段は災害が起きる前の備えについての素材，中段は災害が
　　　　　起きたときの対応に関する素材にしましょう。

ゆうと：　そうだね。それで読みやすくなるね。

みさき：　みんなに興味をもってもらえるように四コマまん画をかきたいな。

たくみ：　これでみんなの意見が生かされた割り付けができたね。先生に見せよう。

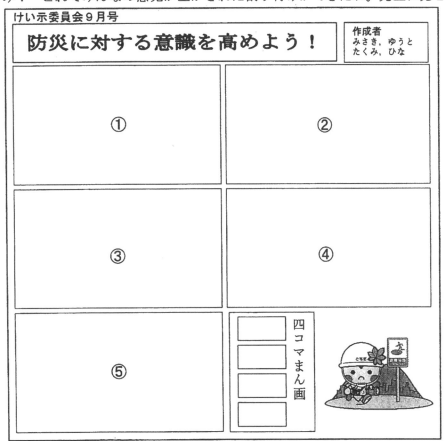

図３　防災に関するけい示物

[問２]　会話から，みさきさんたちは，けい示物の素材をどのように割り付け
　　　ましたか。
　　　　図３の①から⑤にあてはまるけい示物の素材を，図２のアからオの中
　　　からそれぞれ選び，記号で答えなさい。

2 夏休みに，はるかさんとお母さんは，おやつ作りについて話をしています。

はるか： お母さん，今日は暑いから，冷たいおやつを作りたいと思うんだけれど，
　　　　何か材料はあるかな。

母　　： りんごジュースと粉ゼラチンがあるから，りんごゼリーなら作れるわよ。

はるか： いいね，作りたい。ところでお母さん，ゼリーを作るには，どうして粉ゼ
　　　　ラチンが必要なの。

母　　： 粉ゼラチンを入れると，液体が固まるのよ。粉ゼラチンが入っている箱に
　　　　使い方が書いてあるから見てみましょう（図）。

粉ゼラチンの使い方

粉ゼラチン５ｇで２５０ｍＬのゼリーができます。

① 粉ゼラチン５ｇを５０ｍＬのお湯（８０℃以上）でよくとかします。

② ほかの材料２００ｍＬを①によく混ぜて冷蔵庫で冷やし固めます。

図　箱に書いてある粉ゼラチンの使い方

はるか： なるほど，この粉ゼラチンはお湯でとかして使うのね。箱に書いてある「ほ
　　　　かの材料」というのは，りんごジュースのことでいいのかな。

母　　： そうよ。あとは，ゼリーを固めるカップが必要ね。何人分作るの。

はるか： 家族５人分作りたい。

母　　： それなら，ここに同じ大きさのカップが５個あるから，一人１個食べられ
　　　　るように，このカップを使って作るのはどうかしら。

はるか： そうするわ。そのカップ１個にはどのくらいの量が入るのかな。

母　　： このカップには，１８０ｍＬまで入るわよ。

はるか： そうなのね。カップいっぱいに入れると，冷蔵庫まで運ぶときにこぼして
　　　　しまいそうだから，１個のカップには，１６０ｍＬ入れてゼリーを作ること
　　　　にしよう。

[問１] はるかさんが，家族５人分のりんごゼリーを，図にある使い方に従っ
て作ったときに，必要なりんごジュースの量（ｍＬ）と粉ゼラチンの量
（ｇ）をそれぞれ答えなさい。

はるかさんがゼリーを作った日の午後，弟のひろきさんが，野球の練習から帰ってきました。

ひろき：　暑かったからのどがかわいたよ。何か飲みたいな。

はるか：　りんごゼリーを作ったときに残ったりんごジュースがあるわよ。準備しておくから手洗いとうがい，着がえをしてきてね。

ひろき：　わかった。

　はるかさんは，食器だなからコップを出しました。そのコップに氷を入れ，りんごジュースを注いで，テーブルの上に置いておきました。しばらくすると，ひろきさんが来ました。

ひろき：　お姉ちゃん，ジュースを用意してくれてありがとう。あれ，コップの外側に水てきがついているな。どうしてぬれているんだろう。

はるか：　それはね，空気の中にある目に見えない水蒸気という気体が，冷たいコップに冷やされて水になったからよ。
　　　　　たとえば，□□□□□□□□□□□□□□□□□□□□□□□も同じ現象よ。

[問2]　会話の中の □□□□ にあてはまる最も適切な言葉を，次のアからエの中から一つ選び，記号で答えなさい。

　　ア　晴れた日に，干した洗たく物がかわきやすいこと

　　イ　暑い日に，運動をするとたくさんあせをかくこと

　　ウ　寒い日に，屋外から暖かい室内に入るとめがねがくもること

　　エ　寒い日に，しも柱ができること

---

3 お世話になっている交通指導員さんに感謝する会が，開かれることになりました。安全委員会のまさおさんとひろしさんは，感謝する会で交通指導員さんにわたすメッセージカード（図1）を書きました。そして，まさおさんがそのカードをはるためのカードスタンド（図2）を作ることになりました。

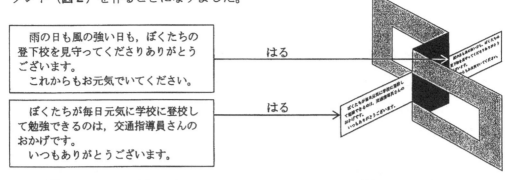

雨の日も風の強い日も，ぼくたちの登下校を見守ってくださりありがとうございます。 　これからもお元気でいてください。

はる

ぼくたちが毎日元気に学校に登校して勉強できるのは，交通指導員さんのおかげです。 　いつもありがとうございます。

はる

図1　メッセージカード　　　　　　　　図2　カードスタンド

【まさおさんが作ったカードスタンドの説明】

《材料》
・　厚紙（たて10cm，横32cm）
・　メッセージカード（たて6cm，横9cm）2枚

《作り方》
①　設計図（図3）にしたがって，厚紙の（―――――）の線の部分に切りこみを入れる。

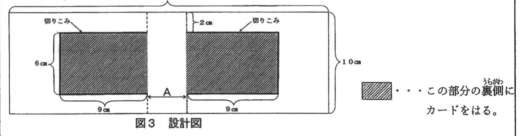

図3　設計図

②　メッセージカードをはる。
③　図3の（- - - - -）の線にそって谷折りに，（- ・- ・- ・）の線にそって山折りにする（図4）。

《注意点》
・　谷折り，山折りにたたんだときに，メッセージカードをはる部分が厚紙のはしから1cm内側になるようにする（図5）。

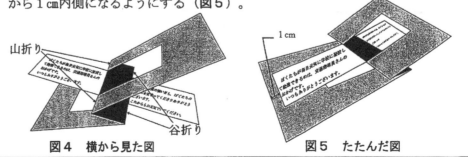

図4　横から見た図　　　　　　　　図5　たたんだ図

[問1]　まさおさんが作ったカードスタンドの設計図（図3）のAの長さを求めなさい。

令和２年度県立中学校入学者選考問題

作　文

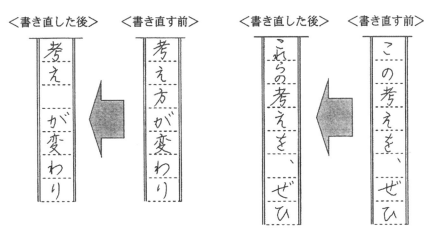
受 検 番 号	番

ある小学校では，朝の健康観察から，最近体調をくずしている児童が多いことがわかり，保健委員会で5・6年生を対象にアンケート調査を行いました。

　保健委員のAさんたちは，アンケート調査の結果（図）をもとに委員会の時間に話し合いをしています。

体調に関するアンケート調査の結果

保健委員会

質問1　先週，あなたの体調は，どうでしたか。

　　　　よかった・・・６５人　　　　よくなかった・・・３５人

質問2　質問1で「よくなかった」と答えた人にききます。そのときの 症 状^{しょうじょう} を教えてください。いくつ書いてもよいです。

　　　　○頭がいたかった・・・・１３人　　　○体がだるかった・・・１２人
　　　　○おなかがいたかった・・ ８人　　　○せきがでた・・・・・ ７人
　　　　○のどがいたかった・・・ ６人　　　○熱がでた・・・・・・ ２人

質問3　質問1で「よくなかった」と答えた人にききます。体調がよくなかったのは，どのようなことが原因だと思いますか。いくつ書いてもよいです。

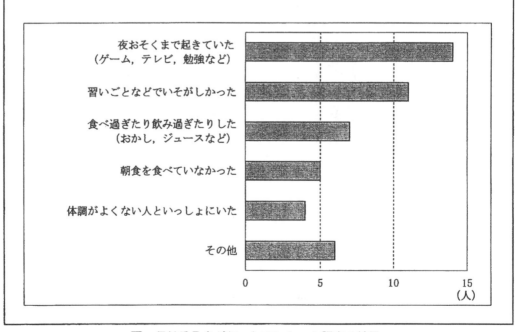

図　保健委員会が行ったアンケート調査の結果

適 性 検 査 解 答 用 紙 【2】

受 検 番 号	番

得　点	【2】 ※

※ [　　　　] らんには何も記入しないこと。

4

[問 1]

， スタート	※ 10点

[問 2]

人	※ 12点

5

[問 1]

最大　　　　　　　　　分

〔求め方〕

※ 15点

[問 2]

記号	時刻	時　　　　分	※ 12点

作文解答用紙 （題名と氏名は書かないこと。）

200

※A，BおよびCの３段階で評価

600

400

K 教英出版

【解答用

適 性 検 査 解 答 用 紙【1】

受 検 番 号		番

得 点	【1】	【2】	計
	※	※	※

※ [   ] らんには何も記入しないこと。

※100点満点

1

[問 1]

※ 8点

[問 2]

①	
②	
③	
④	
⑤	

※ 5点

2

[問 1]

りんごジュースの量	mL
粉ゼラチンの量	g

※ 12点

[問 2]

※ 8点

3

[問 1]

c m

※ 10点

[問 2]

※ 8点

【解答用

委員長：　このアンケート結果を見て，何か気が付いたことはありませんか。

Ａさん：　わたしは，体調をくずしている人の中に，夜おそくまで起きている人が多い
　　　　　ことが気になりました。ゲームやテレビが原因で，ねるのがおそくなるのだと
　　　　　思っていましたが，勉強が理由の人もいるようです。

Ｂさん：　勉強は大切だけれど，夜おそくまで起きていることで，授業中にねむくなっ
　　　　　てしまうことがあると思います。

Ｃさん：　友達と話していたら，習いごとの発表会や大会などで，「土日も，なかなか休
　　　　　めない。」と言っていた人もいました。

Ｄさん：　よい結果を残したいので，がんばり過ぎてしまうのかもしれませんね。

Ｅさん：　わたしは，食事と健康の関係について，家庭科や保健の授業などで学習した
　　　　　ことを思い出しました。

Ｆさん：　病気の予防についても気を付ける必要があると思います。

委員長：　みなさんからいろいろな意見が出ました。今回のアンケート調査の結果から
　　　　　体調をくずさないようにするために，全校集会でどのようなことを呼びかけた
　　　　　らよいでしょうか。

　　あなたなら，全校集会で，どのようなことを呼びかけますか。図や会話を参考
にして，次の条件に従って書きなさい。

（条件）
　ア　あなたが呼びかけたいことと，その理由を書きなさい。
　イ　あなたが経験したこと，または，見聞きしたことにもふれなさい。
　ウ　字数は６００字程度で書きなさい。

K 教英出版

ひろしさんは，交通指導員さんに喜んでもらえるよう，作成したメッセージカードに，かざりをつけることにしました（図6）。かざりは，正方形の折り紙とはさみを使って，図7の手順で⑤のように作りました。

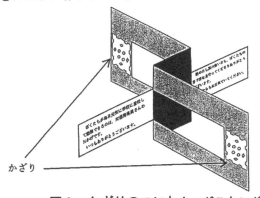

かざり

図6　かざりのついたカードスタンド

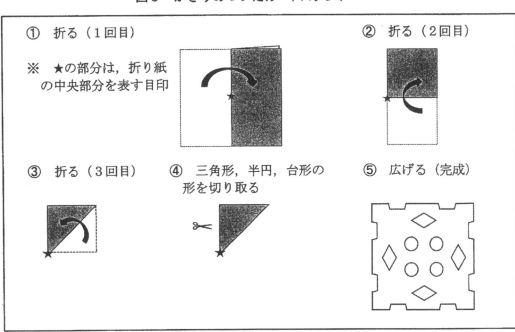

図7　かざりの作り方

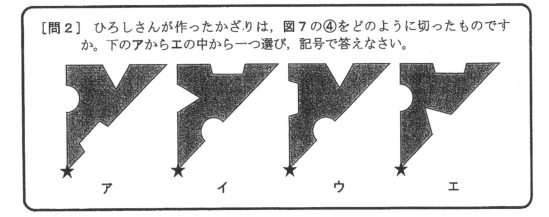

[問2]　ひろしさんが作ったかざりは，図7の④をどのように切ったものですか。下のアからエの中から一つ選び，記号で答えなさい。

ア　　イ　　ウ　　エ

4 まなぶさんとめぐみさんは，週末にロボット博覧会へ出かけました。その会場で，ロボットアームの操作を体験できるコーナー（図1）を見つけました。

まなぶ： 数字の書かれた台の上に，模様のある二つのブロックが置かれているよ。ロボットアームでどのようなことができるのかな。

めぐみ： 操作ボタンとモニター（図2）があるわ。モニターの映像のように，ブロックを積み重ねるみたいだけれど，どのように操作したらよいのかしら。

まなぶ： 近くに操作の説明（図3）があるから見てみよう。

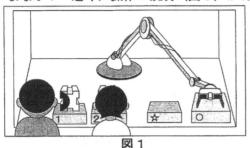

図1　　　　　　　　　図2　操作ボタンとモニター

ボタン	操作ボタンの役割	動作のイメージ図
1 2	おしたボタンと同じ数字の台にアームが移動し，その台のブロックをはさんで持ち上げる。（右の図は，1をおした場合。）	
ア	持ち上げたブロックを回す。（1回おすと正面から見て時計回りに90度回る。）	
イ	正面から見て右にアームが移動し，☆印の台にブロックを置く。（台にブロックがある場合にはブロックの上に積み重ねる。）その後，〇印の台にアームがもどる。	
スタート	すべて入力したあとに，このボタンをおすと，入力どおりにアームが動き出す。	
リセット	スタートをおす前のもとの状態にもどす。（もとの台に，もとの向きでブロックをもどす。）その後，〇印の台にアームがもどる。	

図3　操作の説明

めぐみ： わたしが先にモニターの映像のように，ブロックを積み重ねてみるわ。

そこで，めぐみさんは「2, ア, イ, 1, ア, ア, ア, イ, スタート」の順でボタンをおしたところ，モニターの映像にあったように積み重ねることができました。

めぐみ： よし，できたわ。

まなぶ： 次は，ぼくの番だね。「リセット」のボタンをおして，二つのブロックを元にもどすよ。モニターも新しい映像（図4）に切りかわったぞ。それじゃあ，やってみるぞ。

図4

[問1] 図4のようにブロックを積み重ねるには，どのような順番でボタンをおせばよいでしょうか。めぐみさんの操作を参考に，ボタンをおす回数が最も少なくなるように答えなさい。

次に，まなぶさんとめぐみさんは入場するときにもらったパンフレットにのっていたクイズにちょう戦してみることにしました。

まなぶ： 入場するときにもらったパンフレットにクイズがのってるよ（図5）。

めぐみ： 正解すると，ロボット博覧会オリジナルステッカーがもらえるみたいよ。やってみましょうよ。

８月のロボット博覧会の入場者数当てクイズ

次の四つのクイズのカギを使うと，８月のロボット博覧会の入場者数が求められるぞ。クイズに答えてロボット博覧会オリジナルステッカーをもらおう。

クイズのカギ 1

８月のロボット博覧会の入場者の８０％の人が，映画「未来のロボット」をみているよ。

クイズのカギ 2

映画「未来のロボット」は座席数２００席の劇場でやっているよ。一日につき一人一回だけみられるよ。

クイズのカギ 3

映画「未来のロボット」開始時刻

	平日	土・日・祝日
1回目	11:00	10:00
2回目	14:00	13:00
3回目		15:00

８月は，すべての回が満席だったよ。

クイズのカギ 4

８月のロボット博覧会カレンダー

日	月	火	水	木	金	土
	1 休	2	3	4	5	6
7 休	8 休	9	10	11 山の日	12	13
14 休	15 休	16	17	18	19	20
21 休	22 休	23	24	25	26	27
28 休	29 休	30 休	31			

「休」の文字は休館日だよ。

図5　パンフレットにのっていたクイズ

[問2] 「８月のロボット博覧会の入場者数当てクイズ」の答えは何人ですか。

5 かずやさんの学校では，総合的な学習の時間に「自分の町のよさを知り，発信しよう」
  というテーマで学習をしています。ある日の授業で，この町のよさを発見するために，
  名所を見学する班別活動の計画を立てています。

かずや： 町の案内図（図1）を見ながら，ぼくたちの班の見学ルートを確認しよう。
  小学校を出発して最初に古墳に行き，次に城，最後にタワーを見学してから小
  学校にもどるルートでどうかな。

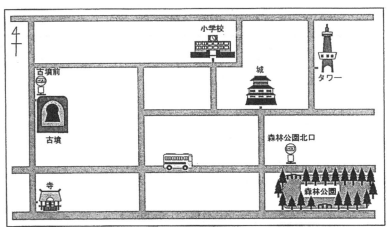

図1 町の案内図

みつお： 日程は，小学校を9時30分に出発して，15時から15時30分の間にもどっ
  てくるきまりだよね。昼食は，12時に森林公園の北口に集合して学級全員で
  食べることになっていたね。日程どおりに見学できるかな。

かずや： 見学時間や移動にかかる時間は，先生が用意した資料（図2）を使って考えよう。
  午前中は古墳を，午後は城とタワーを見学しようよ。

みつお： 古墳から森林公園まで歩いて40分もかかるよ。時間がもったいないな。

ゆみこ： それなら，路線バスに乗って，古墳前から森林公園北口まで行きましょう。

みつお： いいね。でも，古墳を見学した後すぐにバスに乗ると，森林公園に早く着きす
  ぎてしまうよ。午前中に見学場所をもう一か所増やせないかな。

見学場所	料　金		見学時間
タワー	入場料	200 円	25 分
	入場料＋特別展望台入場料	500 円	40 分
城	入場料	300 円	30 分
	入場料＋資料館入場料	450 円	60 分
古墳	見学無料		40 分

※ 見学や移動の
時間は，この資料
のとおりに計画
を立てましょう。

見学場所の資料

古墳～森林公園	40 分	森林公園～城	10 分
古墳～城	45 分		
城～タワー	10 分	小学校～古墳	25 分
城～小学校	15 分	小学校～タワー	20 分

徒歩での移動にかかる時間

古墳前発		森林公園北口着
10:45	→	11:00
11:10	→	11:25
11:35	→	11:50
12:00	→	12:15

路線バスの発着時刻

図2 先生が用意した資料

まさえ：　地図を見ると，古墳の南に寺があるわよ。その寺は古い寺だから，町の歴史
　　　　　が学べるかもしれないわ。古墳を見学した後に行きましょうよ。

みつお：　いいね。でも，先生が用意した資料には寺について書かれていないよ。寺の見
　　　　　学を入れたら，何時に古墳前を発車するバスに乗ればいいのだろう。

かずや：　お昼の集合時刻は，森林公園の北口に１２時だよね。森林公園北口のバス停
　　　　　は公園のすぐ前なので，集合時刻の１０分前にとう着するバスに乗れば間に合
　　　　　うよ。

まさえ：　古墳から寺まで，歩いてどのくらいの時間がかかるか知りたいな。

ゆみこ：　古墳から寺までのきょりもわかるといいね。

かずや：　この町の案内図では正確なきょりがわからないから，教室の後ろにはってあ
　　　　　る縮尺１万分の１の地図を見てきたよ。地図上の古墳前のバス停から寺までの
　　　　　長さを測ったら８cmだったよ。これで実際のきょりがわかりそうだね。

ゆみこ：　算数の授業で，わたしたちの歩く速さを求めたよね。そのときは，校庭の２００m
　　　　　トラックを１周するのに２分３０秒かかったわ。

みつお：　その速さで歩くとして計算すれば，古墳からお寺に行くまでの時間がわかるね。

[問１]　寺を見学できる時間は，最大何分とれますか。また，その求め方を言葉や式
　　　　を用いて説明しなさい。説明するのは，古墳の見学が終わってから寺を見学し
　　　　て，古墳前のバス停にもどるまでとします。
　　　　　ただし，バスは時刻表どおりに運行するものとします。

　　寺を見学する計画を立てたかずやさんたちは，その後の計画を立てています。

かずや：　午後は，森林公園を１３時に出発して，最初に城に行き，次にタワーを見学し
　　　　　て，決められた時間内に学校にもどるルートだね。

ゆみこ：　タワーには，展望台と，さらに高いところから見学できる特別展望台があるよ。
　　　　　特別展望台から見たわたしたちの町はどんなようすかしら。

みつお：　城には資料館もあるよ。城の歴史を調べて，発表できたらいいよね。

かずや：　それぞれ入場料がかかるね。

まさえ：　バス代の１２０円も合わせて計算しないとね。おこづかいは一人１０００円だ
　　　　　ったね。新たに見学場所に加えた寺は無料で見学できるけれど，足りるかしら。

[問２]　かずやさんたちの班は，午後の計画に何を加えることができますか。会話
　　　　や先生が用意した資料（図２）をもとに，正しいものを，次のアからエの中
　　　　から一つ選び，記号で答えなさい。
　　　　　また，その場合の小学校にとう着する時刻を答えなさい。

　　　　ア　城の資料館見学とタワーの特別展望台見学の両方。
　　　　イ　城の資料館見学のみ。
　　　　ウ　タワーの特別展望台見学のみ。
　　　　エ　城の資料館見学とタワーの特別展望台見学の両方とも加えることがで
　　　　　　きない。

これで，問題は終わりです。

K 教英出版

K 教英出版

平成３１年度県立中学校入学者選考問題

適 性 検 査

宇都宮東高等学校附属中学校
佐野高等学校附属中学校
矢板東高等学校附属中学校

受 検 番 号		番

K 教英出版

1 あやとさんとひかりさんの学校では，新学期から，クラスの机といすがすべて新しいものにかわりました（図1）。

あやと：　どうして，机といすが新しくなったのですか。

先　生：　これは，「とちぎの元気な森づくり」という県の取り組みで，学校におくられたものですよ。

ひかり：　新しい机といすは，全部木でできているのですね。

先　生：　この机といすは，間ばつによって出た木材を利用して作られているのですよ。人工林の間ばつについては，社会の授業で学習したことを覚えていますか。

図1　新しい机といす

あやと：　木の成長をよくするために，弱った木や余分な木を切ることです。

ひかり：　何年かごとに少しずつ間ばつをして，最終的には，植えた本数のおよそ8割の木を切ってしまうのですよね。

先　生：　よく覚えていましたね。間ばつをすると，木全体に日光が当たるだけでなく，木の根元に生えている植物にも日光が届くようになります。

ひかり：　人の手によって植えられた木は，きちんと管理しなくてはいけないのですね。

先　生：　そうですね。間ばつをするなど，人が管理すると，人工林にどんなことが起こりますか。

あやと：　[　　　　　　　　　　　]

ひかり：　人の手できちんと管理することは，元気な森づくりにつながっていると，あらためてよくわかりました。

先　生：　栃木県は森林が多いので，豊富な森林資源を上手に使うことが大切ですね。

あやと：　よし，ぼくは総合的な学習の時間で，栃木県の林業について調べてみようと思います。

先　生：　それならば，次の総合的な学習の時間までに，関係しそうな資料を集めておくとよいですね。

[問1]　文中の[　　　　　　　　]にあてはまる最も適切な言葉を，次のアからエの中から一つ選び，記号で答えなさい。

　ア　植えた木が減ることで，1本1本の木がより細く高く成長できます。
　イ　土がむき出しになることで，地面が雨水をたくわえやすくなります。
　ウ　木の根がしっかりと地面にはることで，山くずれがおきにくくなります。
　エ　日光が地面によく当たることで，下草が減り，なえ木が成長します。

- 1 -

あやとさんは，次のような五つの資料（図２）を集めました。

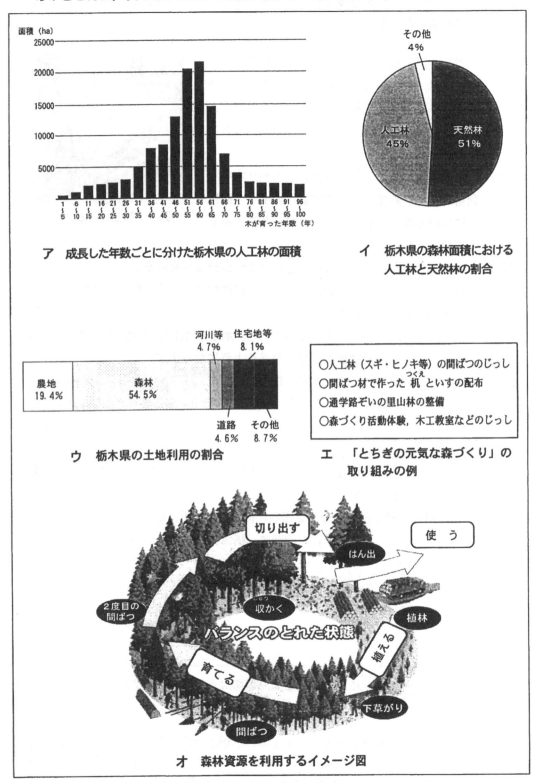

ア　成長した年数ごとに分けた栃木県の人工林の面積

イ　栃木県の森林面積における人工林と天然林の割合

ウ　栃木県の土地利用の割合

エ　「とちぎの元気な森づくり」の取り組みの例

○人工林（スギ・ヒノキ等）の間ばつのじっし
○間ばつ材で作った 机 といすの配布
○通学路ぞいの里山林の整備
○森づくり活動体験，木工教室などのじっし

オ　森林資源を利用するイメージ図

図２　あやとさんが集めた資料

（「平成２９年版栃木県森林・林業統計書」，「栃木県 環境 森林 政策 課資料」，「とちぎの元気な森づくり県民税事業資料」をもとに作成）

あやとさんは，集めた資料の中からいくつかの資料を使って，わかったことを次のようにまとめました。

【栃木県の林業についてわかったこと】

　ぼくは，５年生の社会科で林業について学習するまでは，森林に木はたくさんあった方がよいと思っていました。しかし，授業で，人工林は計画的に間ばつなどの手入れをしないといけないことを学習しました。

　今回，栃木県の林業について調べてみると，県では人工林の間ばつ以外にもさまざまな取り組みをしていることがわかりました。例えば，林業をもっとたくさんの人に知ってもらうために，イベントを開いたり，間ばつ材を有効利用して作った机といすを県内の学校におくったりしています。

　また，木は５０年たつと木材に利用できる大きさに育ちますが，今，栃木県には５０年をこえた人工林が多く残っているということがわかりました。大きく育った木を計画的に切り出さないと，未来の森林をつくるためのなえ木を植えることができません。

　林業は，木材を切り出すという仕事だけでなく，木を「植える」，「育てる」，「切り出す」，「使う」をくり返していくことが大切であるとわかりました。こうした取り組みが豊かな森林をつくり，環境を守る役割も果たしているのだと思います。

　[問２]　あやとさんが，「栃木県の林業についてわかったこと」をまとめるために使った資料はどれですか。
　　　　図２のアからオの中からすべて選び，記号で答えなさい。

2 同じ学校のたかしさんとまさるさんは、2週間後に行われる学校対こうの駅伝競走大会の準備について話をしています。この駅伝競走大会では、5人の選手が中けい地点でたすきをつなぎながら、会場となっている公園内のコースを1周（1区間）ずつ走り、総合記録を競います。

たかし： 今度の大会で、ぼくたちは、選手がコースをまちがえないようにコーンとコーンバー（図1）を置く係だったね。

まさる： どこに、どれだけ置けばよいのかな。

たかし： 先生から、置き方や数がわかるような図をもらってきたよ。

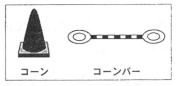
図1　コーンとコーンバー

まさる： 十字路にはコーンを6個、コーンバーは4本置いて（図2）、丁字路<ruby>（ていじろ）</ruby>にはコーンを3個、コーンバーは2本置くんだね（図3）。

たかし： それじゃあ、コースにそって置いていくと、会場全体でいくつ必要になるか、コース図（図4）を見て確認<ruby>（かくにん）</ruby>してみよう。

図2　十字路の図

図3　丁字路の図

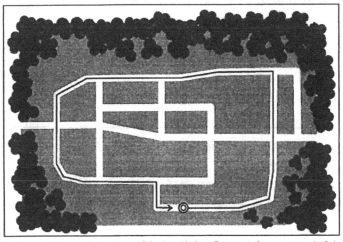
※「◎」はスタートとゴールおよび中けい地点、「→」は走るコースを表します。
図4　コース図

［問1］ 図4のコース図をもとに、コースにそってコーンとコーンバーを置くとき、会場全体で、それぞれいくつずつ必要になるか答えなさい。

大会終了後，たかしさんとまさるさんは，大会の結果について話をしています。

たかし：　今日の駅伝競走大会は，とても白熱したレース展開（てんかい）で，応えんに力が入ったね。

まさる：　そうだね。みんながんばっていたね。

たかし：　ねえ，大会のけい示板に記録（表）がはってあるよ。見てみよう。

		1区	2区	3区	4区	5区	総合記録
A学校	合計	5分40秒	11分12秒	16分46秒	22分26秒	27分55秒	27分55秒
	区間	5分40秒	5分32秒	5分34秒	5分40秒	5分29秒	
B学校	合計	5分10秒	11分13秒	16分43秒	22分22秒	27分40秒	27分40秒
	区間	5分10秒	6分 3秒	5分30秒	5分39秒	5分18秒	
C学校	合計	5分17秒	10分59秒	17分 9秒	22分21秒	27分45秒	27分45秒
	区間	5分17秒	5分42秒	6分10秒	5分12秒	5分24秒	
D学校	合計	5分22秒	11分 9秒	16分50秒	22分23秒	28分27秒	28分27秒
	区間	5分22秒	5分47秒	5分41秒	5分33秒	6分 4秒	
E学校	合計	5分36秒	11分17秒	16分57秒	22分14秒	27分41秒	27分41秒
	区間	5分36秒	5分41秒	5分40秒	5分17秒	5分27秒	

※「合計」は1区のスタートから各区間の終了までの合計記録，「区間」は区間ごとの選手の個人記録を表します。

表　駅伝競走大会の記録

たかし：　記録を見ると，ぼくたちの学校では，はやとさんが活躍（かつやく）していたことがわかるよ。

まさる：　確かにそうだね。はやとさんの記録は，はやとさんが走った区間の中で1位だったんだ。

たかし：　それに，学校の順位を，一つ前の区間から三つも上げているよ。

まさる：　残念ながら総合記録では優勝（ゆうしょう）はできなかったけれど，とてもすばらしい大会だったね。

［問2］　会話や表をもとに，たかしさんたちの学校名と，はやとさんが走った区間を答えなさい。

3 ゆみこさんとまいさんは，図画工作の時間に，造形遊びを行っています。
　　材料は，立方体の白いブロックで，すべて同じ大きさです。ブロックは3種類あり，
図1のように，一つの面だけ三角形または正方形の形に，黒色や灰色でぬられています。

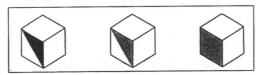

図1　3種類のブロック

　　ゆみこさんとまいさんは，図1のブロック4個をすき間なく積み重ね，図2のような
作品を作りました。図2の作品をアの方向から見ると，図3のように見えました。

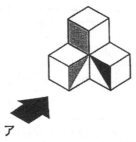

図2　ブロックを4個積み重ねた作品

図3　アの方向から見た図

　　ゆみこさんとまいさんは，さらにブロックをすき間なく積み重ね，机（つくえ）の上に図4の
ような作品を作りました。ブロックは，全部で35個使いました。

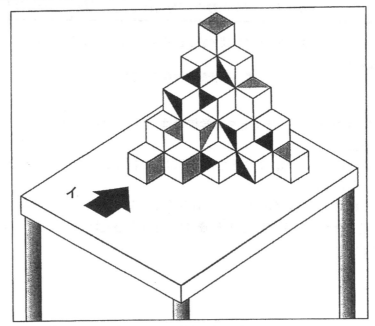

図4　机の上に置かれた作品

[問1]　作品を図4のイの方向から見たとき，色がぬられた部分は，どのように見え
　　　ますか。解答らんの図に，色がぬられている部分をすべて黒くぬりなさい。

平成３１年度県立中学校入学者選考問題

作　文

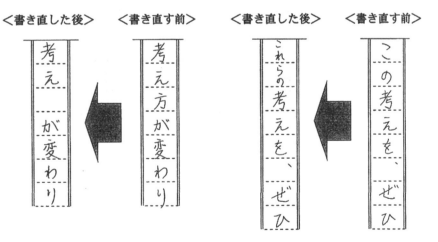
受 検 番 号	番

ある小学校では，５，６年生の代表委員が月に１回集まり，児童会の意見箱に寄せられた意見などをもとに，よりよい学校生活にするための話し合いをしています。

司会１：　今月は，意見箱に，こんな意見が入っていました。

> 　ぼくたち３年生は，ドッジボールが大すきです。でも，昼休みは，校庭でみんながいろいろな遊びをしているので，せまいところしか空いていません。だから，もう少し広いところでドッジボールをやりたいです。
>
> 　　　　　　　　　　　３年　〇〇〇〇

> 　わたしは，昼休みにサッカーをしています。最近，おにごっこをしている１，２年生が，サッカーをしているところに入ってとてもあぶないです。みんなが安全に楽しく遊べるような校庭の使い方を考えるべきだと思います。
>
> 　　　　　　　　　　　６年　〇〇〇〇

司会１：　ほかにも，校庭の使い方についての意見が，いくつか入っていました。そこで，今日は，これらの意見をもとに話し合いたいと思います。議題は，「みんなが安全に楽しく遊べる昼休みの校庭の使い方を考えよう」です。
司会２：　初めに，校庭の見取図（図）を参考にしながら，現在の昼休みの校庭の様子について，発言してください。

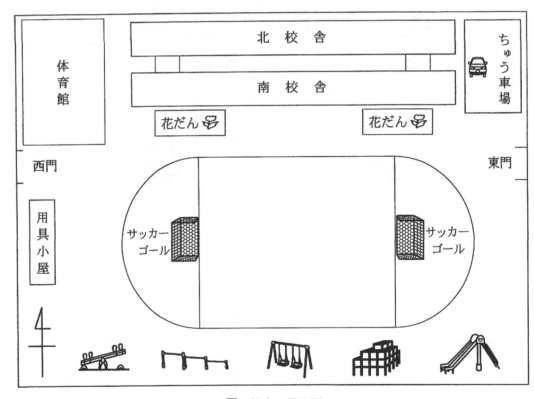

図　校庭の見取図

適 性 検 査 解 答 用 紙【2】

受検番号	番

得 点	【2】※

※ [　　] らんには何も記入しないこと。

4
[問 1] [　　　　　　　　　　] ※
8点

[問 2]
| （　　　　　） クーポン券を使って買う場合 |
| （　　　　　） 本日限りの品を２本買う場合 |
| 〔理由〕 |

※
15点

5
[問 1] [　　　　　　　　　　　　　　　　　] ※
10点

[問 2]
| ① | 　　　　　　　　g |
| ② | 　　　　　　　　回分 |

※
12点

作 文 解 答 用 紙 （題名と氏名は書かないこと。）

200

※A，BおよびCの３段階で評価

600   400

【解答用

適 性 検 査 解 答 用 紙【1】

受 検 番 号		番

得 点	【1】	【2】	計
	※	※	※

※　らんには何も記入しないこと。

※100点満点

1　[問 1]

※
6点

[問 2]

※
9点

2　[問 1]

コ ー ン	個
コーンバー	本

※
8点

[問 2]

たかしさんたちの学校名	学 校
はやとさんが走った区間	区

※
10点

3　[問 1]

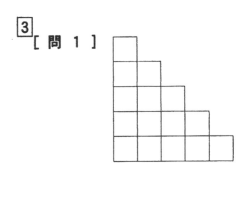

※
10点

[問 2]

	枚

※
12点

K 教英出版

【解答用

Ａさん：　確かに，１，２年生は，ジャングルジムの近くでおにごっこをしている子が多いと思います。おにごっこに夢中で，気づかないうちに，サッカーをしている場所に入ってしまうのをよく見かけます。

Ｂさん：　ぼくたちがサッカーをしているときに，友達のけったボールが，１，２年生に当たりそうになって，びっくりしたことがあります。サッカーをする人も，遊び方を考えなければならないと思います。

Ｃさん：　そういえば，ドッジボールをやっていた３年生のボールが，花だんの花に当たって折れてしまったのを見たことがあります。

Ｄさん：　遊べる場所が花だんの近くしか，空いていなかったのかもしれませんね。

Ａさん：　もうすぐなわとび検定があるから，校庭でなわとびの練習を始めた人も出てきました。

司会２：　みなさんから，いくつかの発言がありました。では，どうすればみんなが安全に楽しく遊べるか考えていきましょう。

　Ａさんたちはこの後も，昼休みの校庭の使い方について話し合いました。

　この小学校の校庭で，昼休みに，みんなが安全に楽しく遊べるようにするために，あなたなら昼休みの校庭の使い方をどのようにしたらよいと考えますか。図や会話を参考にして，次の条件に従って書きなさい。

（条件）
　ア　自分の考えと，その理由を書きなさい。
　イ　あなたが経験したこと，または，見聞きしたことにもふれなさい。
　ウ　字数は６００字程度で書きなさい。

Ⓚ教英出版

図4のような作品ができると，次に，先生がブロック
の一つの面と同じ大きさの正方形の色紙を，たくさん用
意してくれました。
　ゆみこさんとまいさんは，図5のように作品が見える
ところで，色紙をどのように使おうかと話しています。

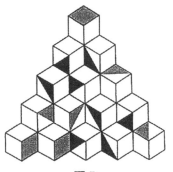

図5

ま　い：　　見えている部分に，色紙をはりたいな。

ゆみこ：　　そうね。三角形や正方形の形に色がぬられている面にははらずに，色がぬら
　　　　　れていない正方形の面だけに色紙をはろうよ。

ま　い：　　見えていない後ろ側の部分は，すべての正方形の面に色紙をはった方がきれ
　　　　　いに見えると思うけれど，どうかしら。

ゆみこ：　　いいわね。さっそくはってみましょう。

[問2]　2人の会話のとおりに作っていくと，図5の作品にはる色紙は，何枚必要
　　　か答えなさい。
　　　　ただし，作品と机が接している面と，ブロックとブロックが接している面
　　　には，色紙をはらないこととします。

4 ゆきえさんは，お母さんと夕食のことについて話をしています。

母　　：　今日の夕食は何がいいかしら。

ゆきえ：　寒いから，おでんがいいかな。

母　　：　いいわね。午後になったら，用意をしましょう。

ゆきえ：　ところで，お母さんは，おでんをつくるとき，なぜ土なべを使うの。

母　　：　土なべの方が，金属のなべよりも冷めにくいからよ。

ゆきえ：　そうなのね。土なべと金属のなべでは，加熱しているときや加熱をやめた後
　　　　　の温度変化にどのくらいのちがいがあるのかな。

母　　：　なべの厚さやなべ底の形などが全く同じというわけにはいかないけれど，家
　　　　　には，直径や容量が土なべと同じくらいのアルミなべと鉄なべ（図１）がある
　　　　　わ。これらを使って，お父さんと調べてみたらどうかしら。

| 土なべ | アルミなべ | 鉄なべ |

図１　ゆきえさんの家にあるなべの種類

　　ゆきえさんは，家にある土なべとアルミなべと鉄なべを使って，以下の方法でお父さ
んと調べてみることにしました。

【方法および内容】
（１）　それぞれのなべに，２０℃の水２Ｌを入れた後，ふたをして強火のガスコ
　　　　ンロにかけ，１００℃になるまで，３０秒ごとに水の温度を測る。
（２）　ふっとうの状態を１分間保ち，その後，火を消したところから１０分ごと
　　　　に水の温度を測る。

　　ゆきえさんは，水の温度変化の様子を調べた後，それぞれの結果をグラフ（図２）に
まとめました。

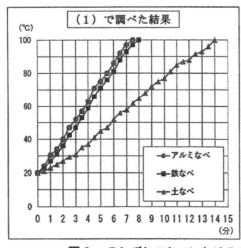

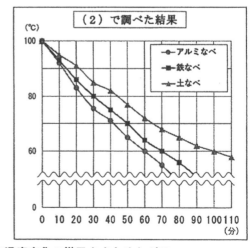

図２　それぞれのなべにおける水の温度変化の様子をまとめたグラフ

（フジテレビ商品研究所「研究レポート」をもとに作成）

父　　　： グラフにすると，土なべとアルミなべ，鉄なべの水の温度変化のちがいがわかりやすくなったね。

ゆきえ： そうね。グラフを見ると，お母さんが言っていたことがよくわかるわ。

[問１]　調べた結果をもとに，お母さんが言っていた，金属のなべではなく土なべを使う理由を裏付ける説明として最も適切なものを，次のアからエの中から一つ選び，記号で答えなさい。

ア　火を止めてから水の温度が３０℃下がるまでにかかる時間は，アルミなべでおよそ４０分であり，鉄なべより温度の下がり方がはやくなってしまうから。

イ　火を止めてから３０分たったときの水の温度は，土なべでは，およそ１５℃下がるのに対して，アルミなべでおよそ２５℃，鉄なべでおよそ２０℃下がってしまうから。

ウ　土なべでは，加熱し始めてから水がふっとうするまでは，およそ１４分かかるのに対して，火を止めてから水の温度が４０℃下がるまでは，およそ１００分かかってしまうから。

エ　加熱し始めてから水がふっとうするまで，アルミなべと鉄なべでは，およそ８分かかるのに対して，土なべでは，およそ１４分かかってしまうから。

その後，ゆきえさんは，お母さんと夕食の用意をすることにしました。

母　　　： ちょうど，おでんのだしがなくなってしまったから，買ってきてくれるかしら。

ゆきえ： わかったわ。

母　　　： 先週，お店でもらったクーポン券に，おでんのだしのクーポン券（図３）があったから持って行くといいわね。

図３　おでんのだしのクーポン券

ゆきえさんがお店へ買い物に行くと，お母さんにたのまれたものと同じ種類のおでんのだしが，図のような表示（図４）で売られていました。

図４　お店にある「本日限りの品」の表示

[問２]　クーポン券を使って買う場合と本日限りの品を２本買う場合とでは，同じ量当たりの価格で考えてみると，どちらの方が安いといえますか。安いといえる方を選び，解答らんの（　　）に〇を書きなさい。また，そう考えた理由について，言葉や式を使って説明しなさい。

5　今日４月９日は始業式です。ひろきさんたち６年１組では，学級活動で日直当番や給食当番，ウサギの飼育当番の順番について話し合っています。

ひろき：　今日から始める日直当番と給食当番について，決まっていること（図１）を確<ruby>認<rt>かくにん</rt></ruby>します。

【日直当番】	【給食当番】
・　１日交代とする。 ・　２人ずつで行う。 ・　出席番号の１番から番号順に始める。	・　１週間交代とする。 ・　９人ずつで行う。 ・　出席番号の１３番から番号順に始める。 ・　５月１日と２日は，前の週の班が続けて行う。

図１　日直当番と給食当番について決まっていること

ひろき：　このほかに，６年生はウサギの飼育当番を行うことになっていて，１組は始業式から６月までが分担です。飼育当番のやり方について意見はありませんか。
けいこ：　ウサギの飼育は，動物が苦手な人もいるから希望者にしてはどうですか。
なおき：　同じ日に，三つの当番活動をやる人がいないようにするとよいと思います。

　みんなの意見をもとに，飼育当番について話し合い，次のように決まりました（図２）。

【飼育当番】
・　今日から行い，１日交代とする。
・　学校が休みの日の当番はやらない。（先生が行う）
・　教室の座席表（図３）の出席番号に〇がついている希望者が行う。
・　希望者のうち，出席番号２６番から番号順に３人ずつ行う。

図２　話し合いの結果の記録

㉛	25	⑲	13	7	①
32	㉖	⑳	⑭	8	②
㉝	27	21	⑮	⑨	3
34	㉘	㉒	16	⑩	4
㉟	29	㉓	17	11	⑤
36	㉚	24	18	⑫	6

図３　教室の座席表

　クラスでの話し合いの後，みんなで当番活動について話しています。

よしみ：　なおきさんは，ウサギの飼育当番はいつなの。
なおき：　ぼくは２６番だから今日だよ。今回は当番活動が重ならないけれど，後で三つが同じ日になってしまわないか心配だな。
けいこ：　４月から６月までのカレンダー（図４）があるから，確認してみよう。

2018年　４月

日	月	火	水	木	金	土
1	2	3	4	5	6	7
8	9	10	11	12	13	14
15	16	17	18	19	20	21
22	23	24	25	26	27	28
29	30					

2018年　５月

日	月	火	水	木	金	土
		1	2	3	4	5
6	7	8	9	10	11	12
13	14	15	16	17	18	19
20	21	22	23	24	25	26
27	28	29	30	31		

2018年　６月

日	月	火	水	木	金	土
					1	2
3	4	5	6	7	8	9
10	11	12	13	14	15	16
17	18	19	20	21	22	23
24	25	26	27	28	29	30

※カレンダーに色がついている日は，学校が休みの日を表します。
図４　４月から６月までのカレンダー

なおき：　あれ，ぼくの当番活動が三つ重なる日が，６月までに２日見つかったよ。
よしみ：　その日は私も手伝うわ。みんなで助け合いながらやっていきましょう。

[問１]　なおきさんの当番活動が三つ同じ日に重なるのは，何月何日かすべて答えなさい。
　　　　ただし，欠席者がいても，活動を行う日は変えないものとします。

学校では，親ウサギ２羽と生後２か月の子ウサギ３羽を，親子を分けて別々の小屋で飼育しています。５月２１日の朝，飼育当番のはるかさんたちは，ウサギの体重を量った後，飼育日誌（図５）に記録しています。

記入者	6年　1組　　川田　はるか	
活動日	５月２１日（　月　）　朝	
ウサギの体重 （毎週月曜日の朝に量る。）	親：ピョン（オス）１９００ｇ　　ミミ　（メス）２１００ｇ 子：ラビ　（メス）　５２０ｇ　　チャロ（オス）　５３０ｇ 　　エル　（メス）　５５０ｇ	
活動したこと （○をつける）	飼育小屋のそうじ　　（　○　）　　体重を量る　　（　○　） えさやり［固形のえさ］（　　　）　　　［牧草］　（　　　）	

図５　飼育日誌の一部

はるか：　子ウサギも大きくなったわね。
けいこ：　固形のえさは，どのくらいあたえたらいいのかしら。
ひろき：　飼育日誌に書いてある，固形のえさのあたえ方（図６）で確認してみよう。

【１日にあたえる固形のえさの量】
・　親ウサギ　　　　　　　　　　　体重の３パーセントの重さ
・　子ウサギ（生後６か月まで）　　体重の５パーセントの重さ
【えさのあたえ方】
（１）　朝と放課後の１日２回あたえます。
（２）　１回にあたえる量は，１日であたえる量の半分です。
（３）　親ウサギの小屋のえさ箱には２羽分を，子ウサギの小屋のえさ箱には３羽分の固形のえさを，まとめて入れます。
（４）　毎週月曜日に体重を量り，１日にあたえる量を見直します。１週間は，同じ量をあたえます。
　　　※土日と祝日については，固形のえさをあたえずに，牧草だけをあたえます。

図６　固形のえさのあたえ方

はるか：　１日にあたえる固形のえさの量は，親ウサギにあたえる量と子ウサギにあたえる量を合わせると　　①　　ｇが必要ね。えさはあとどのくらいあるのかな。
けいこ：　２ｋｇ入りの新しいふくろが，一つしかないわ。
はるか：　さっそく，今日からそのふくろを開けて使いましょう。
ひろき：　もうすぐなくなりそうだけれど，土日と祝日は，固形のえさはあたえないからしばらくもつかな。

　１週間後の５月２８日の朝は，まなぶさんたちが飼育当番です。

まなぶ：　体重を量ってみたら，親ウサギたちの体重は変わらなかったけれど，子ウサギは，ラビが８４ｇ，チャロが７６ｇ，エルが８０ｇ増えていたよ。
よしみ：　子ウサギの体重が増えているから，えさの量を増やすことになるけれど，１日２回あたえることは変わらないから，固形のえさは，あと何回分あるのかしら。
まなぶ：　計算してみたら，あと　　②　　回分しかないね。先生に伝えよう。

　［問２］　会話の中の　　①　，　②　にあてはまる数字を，それぞれ答えなさい。

これで，問題は終わりです。

K 教英出版

教英出版

平成３０年度県立中学校入学者選考問題

適 性 検 査

宇都宮東高等学校附属中学校
佐野高等学校附属中学校
矢板東高等学校附属中学校

受 検 番 号		番

1　4月中じゅんのある日，栃木県(とちぎ)に住んでいるひろみさんは，日当たりのよい家庭菜園でトウモロコシをさいばいすることについて，お母さんと話し合っています。図1は，ひろみさんの家庭菜園を上から見た様子です。ア，イ，ウは，それぞれ種をまく列を示しています。

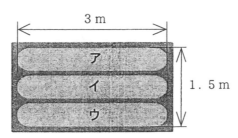

図1　ひろみさんの家庭菜園を上から見た様子

ひろみ：　今年は，トウモロコシをさいばいしたいな。

母　　：　そうね。そろそろ種をまく時期かしら。さっそく，種を買いに行きましょう。

ひろみ：　うちの家庭菜園には，種をまく列が3列あるけれど，全部で何つぶくらい必要なのかしら。

母　　：　それぞれの列に，30cm間かくで種をまく場所をつくり，その場所に3つぶずつまくといいわね（図2）。

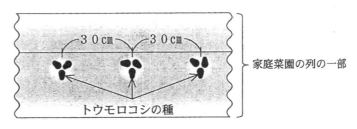

図2　種のまき方

[問1]　お母さんの言葉をもとに考えると，図1のア，イ，ウのすべての列に種をまく場合，種は全部で何つぶ必要ですか。
　　　　ただし，列の両はしからも30cmの間を空けて種をまくものとします。

- 1 -

ひろみさんとお母さんはトウモロコシの種をお店で買い，種をまく時期について話し合っています。

ひろみ： 　種が入っているふくろには，種をまく時期や 収かくの時期などが，種まきカレンダー（図3）に示されているのね。

母　　： 　これを見ると，4月中じゅんから7月下じゅんが種まきの時期になるわね。

月	1	2	3	4	5	6	7	8	9	10	11	12
まく時期				●	―	―	●					
収かく期						●	―	―	―	●		

図3　種まきカレンダー

ひろみ： 　そうすると，ちょうど，種まきの時期に入ったのね。

母　　： 　一度に種まきをせず，数週間ごとに分けて種をまいたらどうかしら。

ひろみ： 　なるほど。そうすることで，トウモロコシを長い期間収かくすることができるのね。

　そこで，ひろみさんは，4月下じゅんから3週間ごとに，1列ずつ種をまくことにしました。

ひろみ： 　まずは，今度の日曜日に，種をまこうかしら。

母　　： 　そうね。でも，トウモロコシは，成長すると背たけが高くなるから，どの列のトウモロコシもよく育つように工夫しなくてはいけないわね。

　トウモロコシの種をまこうとした日の午前9時ごろ，ひろみさんの家庭菜園の近くにある木のかげは，図4のようにできていました。そこで，ひろみさんは，**ウ→イ→ア**の順に種をまくことにしました。

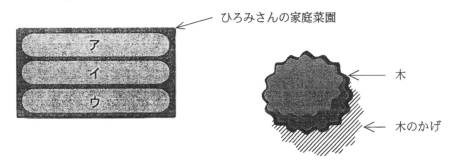

図4　ひろみさんの家庭菜園と近くにある木を上から見た様子

[問2]　ひろみさんが，**ウ→イ→ア**の順に種をまくことで，どのトウモロコシもよく育つと考えた理由について，方位にふれて説明しなさい。

2 　たかしさんの学年では，総合的な学習の時間に「福祉」というテーマでグループ学習
をしています。

たかし：　社会科の授業で，全国の高れい者人口が年々増えていることを学んだか
　　　　　ら，栃木県の状きょうについても調べてみようよ。
ともみ：　たしか，高れい者って６５才以上の方のことをいうのよね。
さとる：　そうだね。栃木県の高れい者人口の変化についてわかる資料をさがしてみよう。

　　　たかしさんは，インターネットでグラフ（図１）を見つけました。

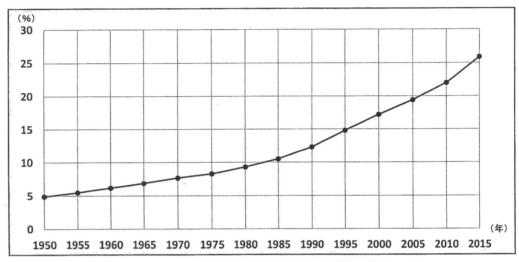

図１　栃木県における高れい者人口の割合の変化
（平成27年国勢調査人口等基本集計結果をもとに作成）

たかし：　このグラフを見ると社会科で学習したように，栃木県でも高れい者の人口が
　　　　　年々増えていることがわかるね。
まいこ：　そうかしら。このグラフだけでは言いきれないと思うわ。でも，これに加え
　　　　　て１９５０年から５年ごとの　　　　　　　　　　　　があれば，わかるわね。

┌───┐
│　[問１]　文中の　　　　　　　　　　　　　にあてはまる適切な言葉を次のアからエの
│　　　中から一つ選び，記号で答えなさい。
│
│　　　ア　全国における高れい者人口の割合　　　イ　全国における総人口
│　　　ウ　栃木県における１５才未満の人口の割合　エ　栃木県における総人口
└───┘

　　　さらに調べていくと，たかしさんたちは，今後も栃木県の高れい者人口がこれまでと
同じように増えていくことや，少子化が進んでいくことが予想されていることを知りま
した。
　　　また，そのような社会に対応するために，栃木県では，高れい者や子ども，障がいの
ある人など，だれもがくらしやすい「ユニバーサルデザインのまちづくり」に力を入れ
ていることも知りました。

2018（H30）　栃木県立中
K 教英出版

ともみ：　ユニバーサルデザインって聞いたことあるけれど，どんな意味なのかしら。

たかし：　インターネットで調べてみたら，ユニバーサルデザインとは，年令や障がい，性別，人種などに関係なく，さまざまな人が利用しやすいように考えられたデザインのことだと書いてあったよ。

まいこ：　そういう意味なのね。それならどんなところに，どのようなユニバーサルデザインがあるのかしら。

先　生：　この学校にもありますよ。例えば，1階にある多目的トイレは，みなさんだけではなく，高れい者や車いすの方にも利用しやすいように手すりがついていたり，自動ドアになっていたりしますよね。このように，いろいろなところに目を向けて見ると，学校だけではなく，みなさんが住んでいるところでも，ユニバーサルデザインのまちづくりが進んでいることがわかると思いますよ。

ともみ：　そうなのですね。このまちにあるユニバーサルデザインについて調べてみたくなりました。

たかし：　よし，それじゃあ，今度の土曜日にみんなで調べに行ってみようよ。

　土曜日に，たかしさんたちは，まちへ出かけ，ユニバーサルデザインが取り入れられたものの写真をとってきました。そして，それらの写真を見ながら話をしています。

まいこ：　先生がおっしゃっていたとおり，まちにはたくさんのユニバーサルデザインがあって，いろいろな人が利用しやすいようになっていたね。

さとる：　本当だね。それぞれの写真には，ユニバーサルデザインとして，どのような工夫があるのかな。

ともみ：　この3枚の写真（**図2**）には，ユニバーサルデザインとして共通する工夫があるわよね。

2段になっている洗面台　　　2本ある階段の手すり　　　2か所に操作パネルのあるエレベーター

図2　3枚の写真

[問2]　ともみさんが考えた，ユニバーサルデザインとして共通する工夫とは何か。次の**ア**から**エ**の中から最も適切なものを一つ選び，記号で答えなさい。

　　ア　生活に不便な段差がないように工夫されていること
　　イ　車いすを使う人に利用しやすいように工夫されていること
　　ウ　身長の高い人にも低い人にも利用しやすいように工夫されていること
　　エ　自動化により少ない力で利用できるように工夫されていること

3 かおりさんは，親せきのおじさんが働いているオルゴールの美術館へ行きました。美術館には，かおりさんが今までに見たこともないような，いろいろな大きさや形のオルゴールがあり，とても興味をもちました。後日，おじさんが，好きな曲を小さなオルゴールに入れてプレゼントしてくれることになりました。

おじ：　このサイズのオルゴールに入る曲の長さは１２秒間だから，入れたい曲を決めておいてね。

かおり：　わかったわ。おじさん，ありがとう。

　かおりさんは，県民の日に歌った「県民の歌」を入れようと思い，先生が用意してくれた楽ふ（図１）を見ながら，曲のどの部分を入れたらよいかお母さんに相談しました。

図１　先生が用意してくれた楽ふ

かおり：　オルゴールには，「とちぎけん　われらの　われらの　ふるさと」の歌詞のところを入れようと思っているの。でも，１２秒間に入るのかしら。

母：　楽ふに「♩＝１１４〜１２０」とある速度記号をもとに計算すれば，１２秒間に入るかどうかわかると思うわよ。

かおり：　そうか。速度記号について学校で習ったわ。「♩＝６０」と書いてあるときは，１分間に４分音ぷを６０回，つまり，１秒間かくで打つ速さなのよね。

K 教英出版

平成３０年度県立中学校入学者選考問題

作 文

注 意

1　「始めなさい」の合図があるまでは，開いてはいけません。

2　検査時間は，１１時０５分から１１時５０分までの４５分間です。

3　問題は，１問で，表紙を除（のぞ）いて２ページです。
　　また，別に解答用紙が１枚（まい）あります。

4　「始めなさい」の合図があったら，すぐに受検番号をこの表紙と解答用紙の
　決められたらんに書きなさい。

5　題名と氏名は書かないこと。

6　原稿用紙（げんこう）の正しい使い方に従（したが）って書くこと。
　　ただし，書き進んでから，とちゅうを書き直すとき，直すところ以外の部分
　も消さなければならないなど，時間がかかる場合は，次の図のように，一つの
　ます目に２文字書いたり，ます目をとばして書いたりしてもよい。

　　＜書き直した後＞　　＜書き直す前＞　　　＜書き直した後＞　　＜書き直す前＞

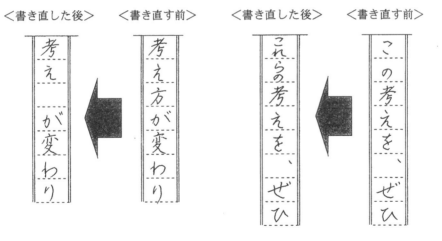

7　「やめなさい」の合図があったら，すぐやめて，筆記用具を置きなさい。

受 検 番 号	番

Ａさんのいる６年１組では，総合的な学習の時間に，「未来へ続くくらしを考えよう」というテーマで，班ごとに課題を決めて調べ学習を進めています。

　Ａさんたちの班は，「食料に関する問題」について，これまでに集めた資料や作成した資料を見ながら，自分たちに何ができるのか話し合いをしています。

Ａさん：　ぼくは，食料に関する問題の中で，今，日本でむだに捨てられてしまう食品の量の多さが気になったんだ。だから，インターネットで調べて，資料を作ってみたよ。

食べられるのに捨てられている食品の量（日本）

	内 わ け	１年間の発生量 （平成２５年度）
食品工場 お　店 （スーパーマーケット やレストランなど）	・食べられる期限が過ぎて売ることができなくなった食品 ・容器や包装の印刷ミスなどにより，売ることができなくなった食品 ・客が食べ残した料理　　　　　　　など	３３０万トン
家　　庭	・調理の際，食べられるのに捨てた部分 ・食べられる期限が過ぎてしまった食品 ・食べ残し　　　　　　　　　　　　など	３０２万トン
合　　計		６３２万トン

一人あたり，１日に，おにぎり２個分の食べ物（１３６ｇ）を捨てているのと同じです。

（「政府広報オンラインホームページ」（平成28年10月）をもとに作成）

図　Ａさんが作成した資料

【作

適 性 検 査 解 答 用 紙【2】

受 検 番 号		番

得 点	【2】 ※

※　　　　　らんには何も記入しないこと。

4

[問 1]

プラネタリウム	第 （　　　　　）回
サイエンスショー	第 （　　　　　）回
工作教室	第 （　　　　　）回
ロボット体験教室	第 （　　　　　）回

※
12点

[問 2]

※
12点

5

[問 1]

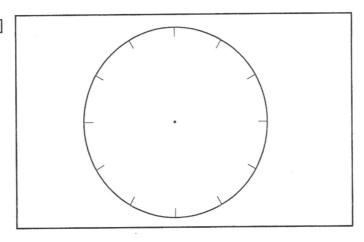

※
8点

[問 2]

金	枚	赤	枚
青	枚		

※
15点

作 文 解 答 用 紙 （題名と氏名は書かないこと。）

200

（配点非公表）

600

400

教英出版

【解答用紙

適性検査解答用紙【1】

受検番号 [　　　] 番

得 点	【1】	【2】	計
	※	※	※ ※100 点満点

※[　　　] らんには何も記入しないこと。

1 [問 1]　　　　つぶ　　　　　　　　　※ 8点

[問 2]　　　　　　　　　　　　　　　※ 10点

2 [問 1]　　　　　　　　　　　　　　※ 5点

[問 2]　　　　　　　　　　　　　　※ 5点

3 [問 1]　　　　　　　　　　　　　　※ 15点

[問 2]　　　　か所　　　　　　　　　※ 10点

2018（H30）　栃木県立中

K 教英出版

【解答用紙】

Ａさん：　調べてみたら，１年間でこんなに多くの食品が捨てられていて，びっくりしたんだ。実は，この６３２万トンは，飢えに苦しむ世界中の人々に，世界の国々が援助した食料の量のおよそ２倍にあたるんだって。

Ｂさん：　そうなのね。それなのに，こんなに食品を捨ててしまっていいのかしら。日本は，米以外の食料自給率が，ほかの国よりとても低いのにね。

Ｃさん：　それって，５年生の時に学習したことだね。平成２８年度の日本の食料自給率は，３８パーセントという資料も見つけたよ。

Ｄさん：　国内の農業生産が減ってきているのも，食料自給率が低くなった原因の一つだったわ。

Ａさん：　今は，輸入される食料でまかなえているけれど，もし，輸入ができなくなってしまったら，どうなるのかな。

Ｂさん：　そうね。安心してくらせる未来にするためには，食料の問題についても，いろいろと考えていく必要がありそうね。わたしたちにもできることって，どんなことかしら。

　あなたなら，食料に関する問題の解決に向けて，どんなことができると考えますか。図や会話を参考にして，次の条件に従って書きなさい。

（条件）
　ア　あなたが生活の中でできることを，具体的に書きなさい。なお，そう考えた理由も書きなさい。
　イ　あなたが経験したこと，または，見聞きしたことにもふれなさい。
　ウ　字数は６００字程度で書きなさい。

K 教英出版

【作

母 ： そうね。速度記号が「♩＝１２０」のときは，１分間に４分音ぷを１２０回
打つ速さのことを表しているということなのよね。

かおり： わかりやすく表に書いてみると，こんな感じかしら（表）。

速さ	♩＝６０	♩＝１２０
♩（４分音ぷ）一つの長さ	１秒	０．５秒

表　かおりさんが書いた表

母 ： あとは，１２秒間に入るかどうか，いろいろな速さで計算してみるといいわよ。

そこで，かおりさんは，計算してみることにしました。

かおり： 「♩＝１００」の速さで計算したら，１２秒間に入ったし，速さもちょうど
いいわ。

[問１] かおりさんは，どのように考えて１２秒間に入ることがわかったのでしょ
うか。その考え方を，言葉や式などを用いて説明しなさい。
ただし，最後の小節の休ふ（𝄼）をふくむものとします。

おじさんからプレゼントされたオルゴールが，２週間後に届きました。オルゴールは
白い木の箱に入っていました。ふたを開けると，音楽が鳴り始めました。

姉 ： きれいな音色ね。せっかくだから，
この箱のふたに絵をかいてみてはどう
かしら。

かおり： いいわね。花の絵をかこうかな。

姉 ： それなら，美術部で習った花の絵の
デザイン（図２）を見せてあげるわ。

かおり： まあ，きれい。この花の絵のデザイ
ンは，どういうふうにかいたの。

姉 ： コンパスで同じ大きさの円を重ねて
かいたり，定規で直線を引いたりした
のよ。

かおり： すごい。私もかいてみよう。

図２　花の絵のデザイン

[問２] 図２の花の絵のデザインをかくとき，コンパスの針<ruby>針<rt>はり</rt></ruby>をさす場所は，全部
で何か所あるか答えなさい。

④ ひろとさんたちは，遠足で子ども科学館へ行くことになりました。ある日の授業で，班別活動の計画を作成することになり，先生から子ども科学館のリーフレット（図1）が配られました。

	プラネタリウム 所要時間40分	サイエンスショー 所要時間30分	工作教室 所要時間50分	ロボット体験教室 所要時間60分
第1回	10：00	10：30	10：10	11：00
第2回	11：10	11：30	13：40	13：40
第3回	13：20	14：00	15：20	
第4回	14：30	15：00		

図1　子ども科学館のリーフレットの一部

たくみ：　当日の班別活動は，9時30分から16時までだね。

ひろと：　今，子ども科学館では，展示のほかにも四つのイベントが行われているよ。せっかくの機会だから，すべてのイベントに参加したいな。

みさき：　そうね。私もひろとさんの意見に賛成だわ。

たくみ：　それなら，四つのイベントすべてに参加できるように，回る順番を考えよう。

ひろと：　昼食は，12時までに広場に集合して，みんなでいっしょに食べるんだよね。昼食後の班別活動は，13時開始だね。

あやな：　各イベント会場や広場までの移動には10分かかるとして，それぞれ何回目のイベントに参加すればいいのかしら。

[問1]　四つのイベントすべてに参加するためには，それぞれ第何回のイベントに参加すればよいか，数字で答えなさい。

2018（H30）　栃木県立中

K教英出版

当日，ひろとさんたちがロボット体験教室に参加すると，ロボットを操作^{そうさ}してゴールを目指すゲームがあったので，ちょう戦することにしました。

配られた「説明書」には，次のように書かれていました。

説 明 書

　右のようなマス目のあるボードとロボット（図2）があります。ボードには，マス目が縦^{たて}横に七つずつあります。

　ロボットは，操作ボタンをおすと，ボード上のマス目に従^{したが}って 矢印 の向きに進んだり，その場で回転したりします。

《ロボットの操作方法》

　操作ボタン（図3）は4種類あり，それぞれのボタンをおすと，次のようにロボットを動かすことができます。

「△」をおす…3マス進む

「×」をおす…1マス進む

「○」をおす…時計回りに90°回転して1マス進む

「□」をおす…時計回りに270°回転する

図2　マス目のあるボードとロボット

《ゲームの進め方》

　まず，ロボットをスタート地点（S）に置きます。このとき，ロボットの 矢印 は，マス目に沿^そって，かべに向いた状態にします。

図3　操作ボタン

　次に，操作ボタンをおして，ロボットを操作します。

　できるだけ少ない回数でボタンをおして，ゴール地点（G）を目指しましょう。

　ただし，黒いマス（■）は，止まったり，通過したりしてはいけません。

ひろと：　まず，「説明書」にあるボードで考えてみよう。

みさき：　この場合は，△×○××と操作ボタンをおせば，5回でゴールに着くわ。

たくみ：　なるほど。みさきさんすごいね。

次に，チャレンジステージ（図4）にちょう戦することにしました。

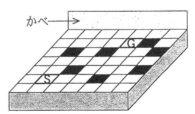

あやな：　今度は難しそうだね。

ひろと：　わかった。○×□×○□△と操作ボタンをおせば，7回でゴールに着くよ。

みさき：　わたしは，6回でゴールに着く方法を見つけたわ。□□□□□□と操作ボタンをおすといいのよ。

図4　チャレンジステージ

[問2]　みさきさんが見つけた □□□□□□ にあてはまる方法を，操作ボタンの記号を使って答えなさい。

5　ゆうきさんの学級は，教育実習に来ている西川先生とのお別れ会をすることになりました。

ゆうき：　お世話になった西川先生は音楽が好きだから，みんなで歌をプレゼントしたらどうかな。

さやか：　いいわね。どのような曲を歌ったらいいか，みんなにアンケートをとってみるわ。

> 未来へ ……………………… １２人
> 旅立ちの日に ……………… ９人
> つばさをください ………… ６人
> ビリーヴ …………………… ６人
> 手紙 ………………………… ３人

図１　アンケート結果

　　ゆうきさんたちは，学級のアンケート結果（図１）を職員室にいる担任の先生のところへ持って行きました。

さやか：　先生，３６人全員に意見を聞いてきました。この中から西川先生へプレゼントする曲を決めていいですか。

先　生：　いいですよ。よくまとめましたね。明日の昼休み，アンケート結果をもとに話し合いの時間をもち，どの曲がいいか決めましょう。

わたる：　わかりました。黒板に曲と人数を書いてもいいですか。

かすみ：　せっかくだから，全体の何割ぐらいが，どの曲を選んだのかがわかるように，円グラフにしましょうよ。

ゆうき：　でも，円グラフを作るためには，割合を求めなくてはいけないよね。割合を求めようとするとわりきれないよ。何かいい方法はないかな。

先　生：　それでは，時計の文字ばんの目盛りが入った円（図２）を利用して作ってみたらどうですか。

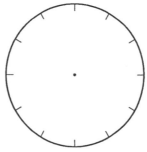

図２　時計の文字ばんの目盛りが入った円

[問１]　アンケート結果をもとに円を区切り，曲名と人数を書き入れなさい。

- 9 -

K 教英出版

その後，ゆうきさんたちは，当日のかざりつけについて話し合いました。

さやか：　輪かざりを作って，教室の周りをかざるのはどうかしら。

ゆうき：　そうだね。前回のお別れ会では，金と赤と青の３色の折り紙を使って，２種類の輪かざりをたくさん作ったね。

わたる：　金５個と赤２個をつないだものと，青６個と赤５個をつないだものの２種類だったよね（図３）。

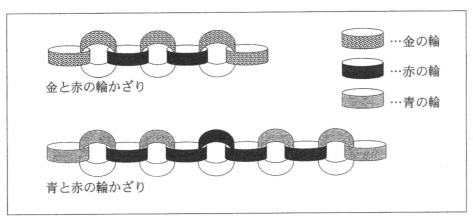

図３　２種類の輪かざり

さやか：　前回のように，２種類の輪かざりを交ごにかざるときれいだと思うわ（図４）。

図４　輪かざりのかざり方

かすみ：　たしか，折り紙１枚で輪を６個作ったわね。前回は２種類の輪かざりを一人２本ずつ作ったけれど，今回もそれでいいかしら。

わたる：　７２本ずつ用意したらきれいにかざれたよね。今回も同じようにやってみようよ。

さやか：　この前，係でけい示物を作るのに金の折り紙を使ったけれど，３０枚あまっているわ。

わたる：　じゃあ，その３０枚は使うこととして，それ以外に必要な分は，先生にお願いして用意してもらおうよ。

[問２]　２種類の輪かざりを７２本ずつ作るとき，必要な分として先生に用意してもらう折り紙は，それぞれ何枚ですか。

K 教英出版

平成２９年度県立中学校入学者選考問題

適　性　検　査

宇都宮東高等学校附属中学校
佐野高等学校附属中学校
矢板東高等学校附属中学校

受　検　番　号		番

1 あゆむさんは，家庭科の授業で習ったことをもとに，朝食のメニューを考えています。

あゆむ： 明日の日曜日は，ぼくが家族みんなの朝ごはんをつくるよ。

母　　： ありがとう。メニューは何にするの。

あゆむ： 授業で食品の分類表（表）を作ったから，それを参考にしてみようと思うん
　　　　だ。主食はパンにして，おかずは，じゃがいもで粉ふきいもをつくってみるよ。
　　　　それと，レタスやきゅうり，ブロッコリーを使ってサラダをつくろうかな。

母　　： サラダは，見た目の色どりも大切にした方がいいわよ。

あゆむ： それじゃあ，コーンを入れようかな。

母　　： いいわね。あと　　A　　を入れたらどうかしら。いろいろな色の野菜が盛
　　　　りつけられれば，見た目もよくなるわよ。サラダの材料は，あゆむたちが作っ
　　　　た分類表に，おもに　　B　　もとになる食品として書かれている
　　　　わね。

あゆむ： そうだね。

母　　： ほかには，何かつくらないの。おもに　　C　　もとになる食品
　　　　からは何も使っていないので，その中から選んでみたらどうかしら。

あゆむ： 本当だ。それじゃあ，ハムエッグをつくろうかな。
　　　　それから，このメニューだと，保健の授業で教わったようにカルシウムが足
　　　　りなさそうだから，　　D　　を加えようかな。

母　　： なるほどね。バランスのいい朝食になりそうね。

おもにエネルギーの もとになる食品		おもに体をつくる もとになる食品		おもに体の調子を整える もとになる食品	
ご飯	バター	あじ	わかめ	ピーマン	レタス
もち	マーガリン	いか	こんぶ	ブロッコリー	きゅうり
パン	マヨネーズ	牛肉	のり	パセリ	もやし
うどん	ごま	とり肉	ひじき	トマト	みかん
じゃがいも	ドレッシング	ハム	チーズ	かぼちゃ	りんご
さつまいも	サラダ油	卵	ヨーグルト	にんじん	とうもろこし
		とうふ	牛乳	ほうれんそう	いちご

表　あゆむさんたちが作った食品の分類表

[問1]　二人の会話の　　A　　から　　D　　に入る最も適切なものの組み合
　　　　わせを，次のアからエの中から一つ選び，記号で答えなさい。

ア　A　トマト
　　B　体の調子を整える
　　C　体をつくる
　　D　牛乳

イ　A　かぼちゃ
　　B　エネルギーの
　　C　体をつくる
　　D　ヨーグルト

ウ　A　とうふ
　　B　体をつくる
　　C　体の調子を整える
　　D　ヨーグルト

エ　A　にんじん
　　B　体の調子を整える
　　C　エネルギーの
　　D　牛乳

朝食のメニューが決まり，次に主食のパンについて話し合っています。

母　：　パンの準備はどうするの。

あゆむ：　ぼくがパン屋さんまで買いに行ってくるよ。

母　：　近くのパン屋さんで，ロールパン，コッペパン，クロワッサンを売っている
　　　　わ。パンには好みもあるから，3種類のパンをそれぞれ2個以上になるように
　　　　買ってくるといいわよ。

あゆむ：　わかったよ。お父さんと妹の分も合わせて，家族4人それぞれが2個ずつ食
　　　　べられるように全部で8個買ってくるね。

あゆむさんがパン屋に着くと，パンが図のような値段で売られていました。

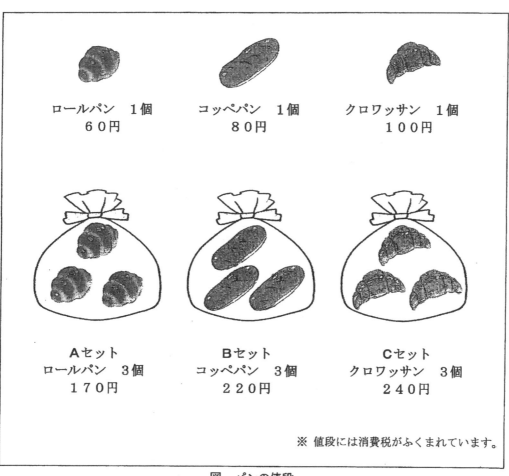

　　　　　　　　　　　　　　　　　※ 値段には消費税がふくまれています。

図　パンの値段

[問2]　会話の内容と合うようにパンを買う場合，合計金額を一番安くするため
　　　には，どのように買えばよいか，数を書きなさい。
　　　　また，そのときの合計金額を答えなさい。

2 まさるさんたち１５人は，県大会に出場することになった野球チームの応えんに行こうと計画しています。大会の１週間前に，会場となる県民球場までの行き方について話し合っています。

まさる： 集合場所は，小学校前のバス停でいいよね。この前，よしおさんと調べたら，県民球場へは，バスと電車を使って行けることがわかったんだ。その行き方を紙に書いてきたよ（図１）。

よしお： ぼくは，バスと電車の時刻表の午前中の部分を書き写してきたよ（表）。

くにお： バスも電車も朝一番早いのが，５時１０分発で，次が５時４０分発なんだね。

めぐみ： 県民球場の開門は９時で，試合開始は１０時よね。とう着が早すぎてもおそすぎても困るから，９時から９時３０分の間に県民球場にとう着するようにしましょう。

ゆみこ： １５人もいるのだから，電車の切ぷを買う時間も必要ね。

めぐみ： それじゃあ，Ａ駅で切ぷを買う時間として５分とりましょう。

くにお： バスは，切ぷを買う必要がないから，時間をとらなくていいね。

まさる： そうすると，何時何分発のバスに乗ればいいかな。

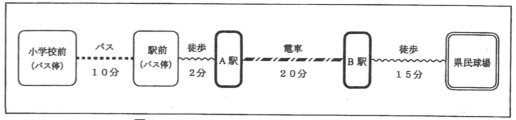

図１　まさるさんが書いてきた会場への行き方

小学校前発のバスの時刻表			
時	分		
午前 5	1 0	4 0	
6	1 0	2 5	5 0
7	1 0	2 5	5 0
8	1 0	2 5	5 0
9	1 0	2 5	5 0
1 0	1 0	4 0	
1 1	1 0	4 0	

Ａ駅発の電車の時刻表		
時	分	
午前 5	1 0	4 0
6	1 0	4 0
7	1 0	4 0
8	1 0	4 0
9	1 0	4 0
1 0	1 0	4 0
1 1	1 0	4 0

表　よしおさんが書き写してきた時刻表

［問１］　９時から９時３０分の間に県民球場にとう着するためには，最もおそくて何時何分発のバスに乗ればよいですか。発車時刻を答えなさい。
　　　　ただし，バスや電車は時刻表どおりに運行するものとします。

大会の二日前に，応えんに行く人たちが集まって話をしています。

よしお：　天気予報では，あさっては雨らしいよ。雨でも試合はあるのかな。

まさる：　ぼくのお父さんは，野球チームのかんとくと知り合いだから，当日の朝，試合が行われるかどうかを確認して，みんなに電話をかけるよ。

めぐみ：　ありがとう。でも，まさるさん一人が全員に電話をかけるのは大変だし，時間もかかるわよ。

ゆみこ：　それじゃあ，一人が二人ずつに電話をかけるというのはどうかしら。図にかいてみると，こんな感じかな（図2）。この方法なら，まさるさんの負担も少なくなるわ。

よしお：　ゆみこさんが考えた方法にしよう。これなら，一人に電話をかけ始めてから切るまでに1分かかるとすると，まさるさんが最初の人に電話をかけ始めてから全員に連らくし終わるまでに　　　　　分で済むよ。

まさる：　ぼくが，この図にみんなの名前を入れて，明日わたすよ。あさっての朝は，すぐに電話に出られるようにしておいてね。

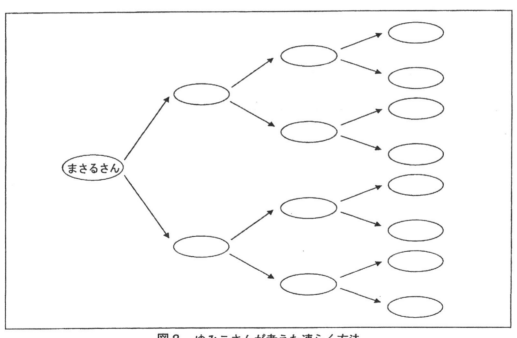

図2　ゆみこさんが考えた連らく方法

[問2]　よしおさんの発言の　　　　　にあてはまる数字を答えなさい。
　　　ただし，一人が同時に二人には電話をかけられないものとし，電話を切ってから次の人にかけ始めるまでの時間は考えないものとします。

- 4 -

3 たかしさんたちの学校では，卒業生を祝う会で，学年ごとにお祝いの気持ちを伝えることになりました。

4年生では，折り紙で作ったメダルや手紙などを箱につめて，プレゼントすることにしました。たかしさんたちは，どのような箱にするか考えています。

たかし： 箱の材料は何にしようか。

ひろし： 木でつくるのは大変だから，段ボールでつくりたいな。

さとこ： じゃあ，段ボールでつくって，色紙やカラーテープで表面をかざり，宝箱にするのはどうかしら。

ひろし： そうだね。さっそく宝箱を考えてみよう。

そこで，たかしさんたちは，図1のような宝箱を考え，試しにふたをつくってみることにしました。

ふた

図1　たかしさんたちが考えた宝箱

たかし： 難しかったけれど，やっとふたをつくる部品ができたよ。でも，何度もまちがえたので，必要のない部品もたくさんつくってしまったね。

[問1]　次のアからコは，図1のふたをつくるために，たかしさんがつくったすべての部品を並べたものです。ふたをつくるために必要な部品はどれですか。三つ選び，記号で答えなさい。
　　　　ただし，のりしろは考えないものとします。

ア　イ　ウ　エ　オ
カ　キ　ク　ケ　コ

※ マス目は部品の大きさがわかるように示したもので，どのマスも縦と横は同じ長さです。
※ ア，イ，ク，ケは円を半分に折って切った形です。

平成２９年度県立中学校入学者選考問題

作　文

───────── 注　意 ─────────

1　「始めなさい」の合図があるまでは，開いてはいけません。

2　検査時間は，１１時０５分から１１時５０分までの４５分間です。

3　問題は，１問で，表紙を除いて２ページです。
　また，別に解答用紙が１枚あります。

4　「始めなさい」の合図があったら，すぐに受検番号をこの表紙と解答用紙の
　決められたらんに書きなさい。

5　題名と氏名は書かないこと。

6　原稿用紙の正しい使い方に従って書くこと。
　ただし，書き進んでから，とちゅうを書き直すとき，直すところ以外の部分
　も消さなければならないなど，時間がかかる場合は，次の図のように，一つの
　ます目に２文字書いたり，ます目をとばして書いたりしてもよい。

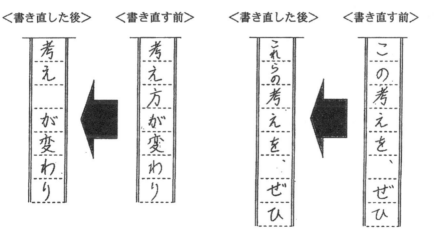

＜書き直した後＞　＜書き直す前＞　　　＜書き直した後＞　＜書き直す前＞

7　「やめなさい」の合図があったら，すぐやめて，筆記用具を置きなさい。

受 検 番 号		番

ある小学校の６年１組では，学級活動の時間に，「みんなで地域のためにできることを実行しよう」という議題で話し合いをしています。

　前回の話し合いで，地域のためにボランティア活動を行うことが決まり，今回は，どんなボランティア活動を行うかについて話し合いをすることになりました。

　司会の人が，話し合いについて説明しています。

司会１：　今日は，クラスでどんなボランティア活動を行えばよいかを班ごとに話し合い，決まったことを提案してもらいます。

司会２：　みなさんから事前にとったアンケートによると，今までに経験したことのあるボランティア活動は，班ごとに配ったメモ（図）のとおりです。話し合いの参考にしてください。

```
今までに経験したことのあるボランティア活動

○　お年よりとの交流・レクリエーション
○　アルミかんや古紙の回収
○　道路や公園などの清そう
○　川原や通学路などのごみ拾い
○　イベントの後のごみ拾い
○　通学路などの草むしり
○　花植え・植樹
```

図　班ごとに配ったメモ

司会１：　では，提案に向けての話し合いを始め，決まった班から提案するための文章を書いてください。

　Aさんたちの班は，クラスで取り組めるボランティア活動について，話し合いを始めました。

Aさん：　ぼくは，地域の公園の落ち葉そうじがいいかなと思っているんだ。

Bさん：　Aさんは，どうして落ち葉そうじがいいと思ったの。

Aさん：　ぼくがよく遊ぶさくら公園には，今，葉がたくさん落ちているんだよ。雨の翌日に，ぬれた落ち葉ですべって転びそうになった人を見たからなんだ。

Cさん：　みんなで落ち葉をそうじすれば，ぼくたちだけではなく，地域の人もけがをする危険が少なくなるから，安心できるよね。

適 性 検 査 解 答 用 紙【2】

受 検 番 号	番

得 点	【2】
	※

※ ［　　　］らんには何も記入しないこと。

4

[問 1]

地球		月	

※ 10

[問 2]

※ 10

5

[問 1]

※ 5

[問 2]

年間
求め方：

※ 15

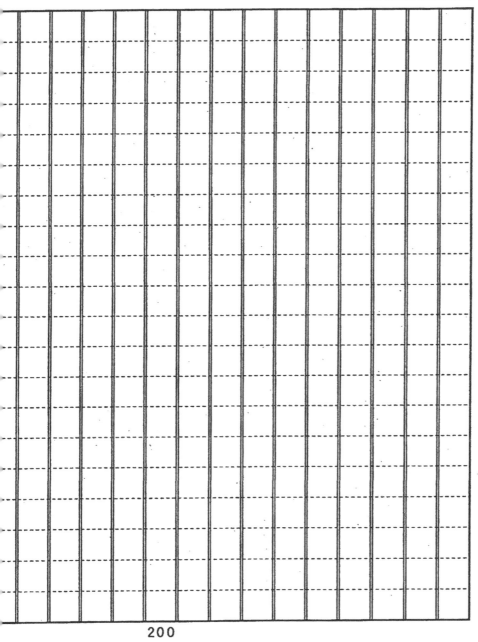

作文解答用紙 （題名と氏名は書かないこと。）

200

※A・B・Cで評価

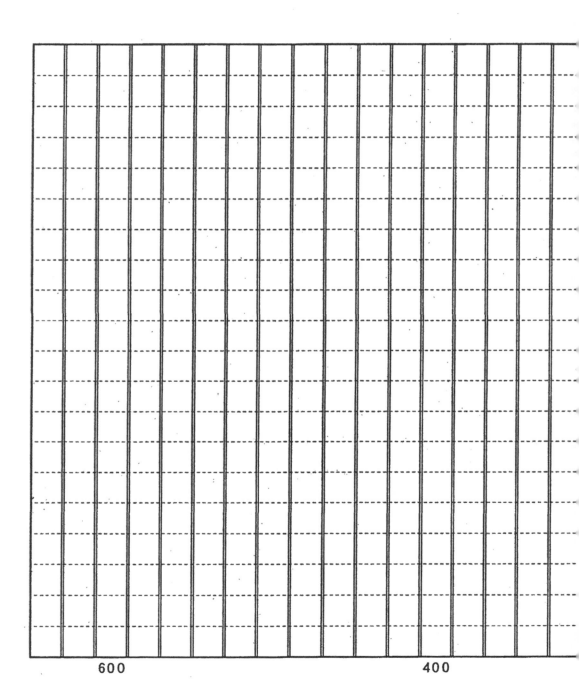

600

400

適 性 検 査 解 答 用 紙【1】

受 検 番 号	番

		【1】	【2】	計
得 点		※	※	※

※100点満点

※

らんには何も記入しないこと。

1

[問 1]

※ 5

[問 2]

ロールパン　　（　　　　）個	
コッペパン　　（　　　　）個	
クロワッサン（　　　　）個	
Aセット　　　（　　　　）セット	
Bセット　　　（　　　　）セット	
Cセット　　　（　　　　）セット	
合 計 金 額	円

※ 12

2

[問 1]

時　　　　分

※ 12

[問 2]

分

※ 12

3

[問 1]

※ 9

[問 2]

※ 10

Dさん：　なるほど，それもいいわね。その他に，地域の人とふれあいながらできる活動もあるわ。例えば，すみれ老人ホームに行くのはどうかしら。

Cさん：　どうして，すみれ老人ホームに行きたいの。

Dさん：　それはね，1年生のころ，通学路に立って安全を見守ってくださったおじいさんやおばあさんたちがそこにいらっしゃるからなの。その方たちのために，何かできないかなと思ったのよ。

Bさん：　前に，他の老人ホームに行ったときには，おじいさんやおばあさんとお手玉遊びをしたよ。今度，老人ホームに行くとしたら，どんなことができるかな。

Cさん：　じゃあ，落ち葉そうじと老人ホームへ行くことについて，それぞれくわしく考えてみようよ。その後で，どちらか一つに決めて，提案する文章を作ろう。

Dさん：　そうね。でも，みんなに賛成してもらうためには，どんな活動をしたらいいかを書くだけでは，足りないかな。

Aさん：　その活動をやってみることで，どんなことが学べるかも付け足すと，みんなに提案のよさが，はっきりと伝わるよ。

あなたのクラスでも，地域のために役立つボランティア活動に取り組むとしたら，どんなボランティア活動をしたいですか。会話文を参考にして，次の条件に従い，クラスの友達に伝わるように提案する文章を書きなさい。

なお，ボランティア活動は，図にあるものでも，それ以外のものでもかまいません。

（条件）
　ア　提案するボランティア活動が地域や地域の人のためになる理由と，その活動に取り組むことから学べることを書きなさい。
　イ　あなたが経験したこと，または，見聞きしたことにもふれなさい。
　ウ　字数は600字程度で書きなさい。

K 教英出版

5年生は，卒業生に送るメッセージをステージで発表することにしました。ほのかさんたちは，どのような発表にするか話し合っています。

ほのか：　大きなサイコロをつくり，ころがして面が変わるたびに，いろいろなメッセージが見えたら素敵よね（図2）。

図2　ステージ発表のイメージ

えいた：　いいね。「☆ご卒業☆」，「おめでとう」，「それぞれの」，「夢に向けて」，「はばたけ！」のメッセージでどうかな。

ほのか：　「☆」や「！」も一文字とすると，サイコロは五つ必要ね。

みちこ：　五つのサイコロのころがし方を考えてみたわ。これでどうかしら（図3）。

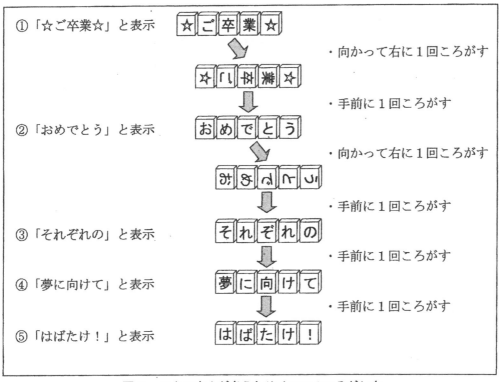

図3　みちこさんが考えたサイコロのころがし方

[問2]　図4は，五つのサイコロのうちの一つです。Aの面に書かれる文字は何か，次のアからエの中から一つ選び，記号で答えなさい。

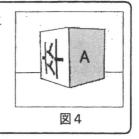

図4

　　ア　た　　イ　で　　ウ　ぞ　　エ　向

4 ゆうこさんとようすけさんは，理科の時間に「月と太陽」の学習をして，宇宙に興味をもち，地球・月・太陽について，くわしく調べてみることにしました。

ゆうこ　：　地球と月は，どちらが大きいのかな。

ようすけ：　宇宙に関する図かんで調べてみるね。

　　ようすけさんは，図かんで調べたことを表1にまとめました。

天体の名前	地球	月
半径（km）	6378.1	1737.4

表1　地球と月の半径

（「理科年表　平成28年」により作成）

ようすけ：　地球の方が月よりも大きいんだね。

ゆうこ　：　本当ね。でも，この表だけでは地球と月の大きさが，どのくらいちがうのか，わかりにくいわね。前に先生が，身の回りにあるものを使って比べるとわかりやすいって言ってたわ。

ようすけ：　おもしろそうだね。やってみよう。

ゆうこ　：　まず，丸いものを集めてみましょうよ。

ようすけ：　ドッジボール，ソフトボール，スポンジボール，ピンポン玉，ビー玉が使えそうかな。

ゆうこ　：　それぞれの直径を測ってみましょう。

ドッジボール（直径　18.0cm）　　　ソフトボール（直径　8.5cm）

スポンジボール（直径　7.0cm）　　　ピンポン玉（直径　4.0cm）

ビー玉（直径　1.2cm）

図　ゆうこさんが測った結果

[問1]　地球と月の大きさを，表1にある情報をもとに比べた場合，その割合が最も近い組み合わせは，図の中のどれとどれですか。「ドッジボール」，「ソフトボール」，「スポンジボール」，「ピンポン玉」，「ビー玉」の中から選び，地球と月にあてはまるものを，それぞれ答えなさい。

ゆうこ ： 次は，太陽と月について調べてみましょうよ。

二人は，インターネットや図かんを使って，調べたことを**表2**にまとめました。

	太陽	月
ア【温度の情報】	表面は　　　約6000℃ 中心部は　　約1600万℃	表面は 約^{マイナス}－170℃〜約130℃
イ【重さの情報】	地球の　　　約33万倍	地球の　　約100分の1倍
ウ【半径の情報】	69万6000 km	1737.4 km
エ【地球からのきょりの情報】	平均　　約1億4960万 km	平均　　　約38万 km
オ【表面の情報など】	たえず強い光を出している。	岩石や砂が広がる。 クレーターが数多く見られる。

表2　太陽と月についてのまとめ

（「理科年表　平成28年」をもとに作成）

ゆうこ ： 太陽と月を比べると太陽の方がずっと大きいのね。

ようすけ ： そうだね。でも，実際には，太陽の方が大きいのに月と同じくらいに小さく見えるのはなぜかな。

ゆうこ ： それは，表にまとめた情報を使えば，説明できるんじゃないかしら。

[問2]　太陽が月と同じくらいに小さく見えることを，二人が説明するために必要な情報はどれですか。**表2**のアからオの中から二つ選び，記号で答えなさい。

5 けんたさんたちの学級では，社会科の授業で「わたしたちのくらしの中の電気」について学習しています。

先　生：　まず，この資料（図1）を見てください。

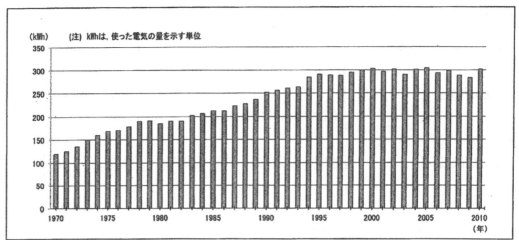

(注) kWhは，使った電気の量を示す単位

図1　1けんあたりで一か月に使われる電気の量の移り変わり

（「2013年　電気事業連合会しらべ」をもとに作成）

先　生：　これは，1970年から2010年までの1けんあたりで一か月に使われる電気の量の移り変わりを示したグラフです。この資料から，どのようなことが読み取れますか。
みずき：　はい。使われる電気の量が，増えてきていることがわかります。
先　生：　では，なぜ増えてきたと思いますか。
けんた：　はい。いろいろな電気製品が，使われるようになったからだと思います。
先　生：　なるほど。では，次の資料（図2）を見てください。

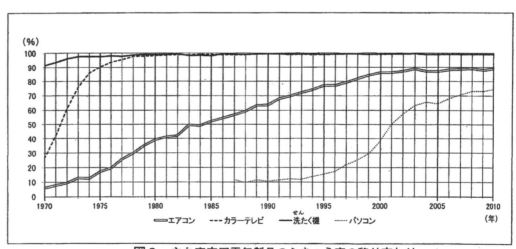

——エアコン　　- - - カラーテレビ　　——洗たく機　　‥‥‥ パソコン

図2　主な家庭用電気製品のふきゅう率の移り変わり

（内閣府「主要耐久消費財の普及率の推移」をもとに作成）

先　生：　これは，1970年から2010年までの主な家庭用電気製品のふきゅう率の移り変わりを示したグラフです。
けんた：　やっぱり，いろいろな電気製品が家庭にふきゅうしてきているんですね。

先　生：　そうですね。では，二つの資料から，どのようなことが読み取れますか。
はるき：　はい。 _____ の二つが読み取れます。
あやか：　はい。私は，使われる電気の量の移り変わりと，エアコンのふきゅう率の移
　　　　　り変わりには，何か関係があるのではないかと思います。
先　生：　みんな，それぞれよいところに気がつきましたね。

[問１]　はるきさんの発言の _____ に入る適切なものを，次のアからエ
　　　の中から一つ選び，記号で答えなさい。

　　　　ア　１９８０年のカラーテレビのふきゅう率がほぼ１００％であることと，
　　　　　　１９８０年から後は使われる電気の量がまったく変化していないこと
　　　　イ　１９９０年の洗たく機のふきゅう率がほぼ１００％であることと，
　　　　　　１９９０年から後は使われる電気の量が減少し続けていること
　　　　ウ　２０００年では，エアコンのふきゅう率が８０％をこえていることと，
　　　　　　１９７０年に比べて使われる電気の量が３倍以上になったこと
　　　　エ　２０１０年では，パソコンのふきゅう率が７０％をこえていることと，
　　　　　　使われる電気の量が３００ｋＷｈ以上になっていること

　　けんたさんが家に帰ると，エアコンの修理をするために電気屋さんが来ていました。
電気屋さんの話によると，修理には５００００円かかるので，新しい製品に買いかえる
方法もあるということでした。お母さんは，お父さんと相談して後日返事をすることに
しました。

父　　：　１０年前に買ったエアコンだから，電気屋さんの言うように，新しいエアコ
　　　　　ンに買いかえようか。
母　　：　でも，新しいエアコンは，１１００００円もするのよ。きちんと修理しても
　　　　　らえば，きっとまだ使えるわよ。５００００円で修理して，今のエアコンを使
　　　　　った方がいいわよ。
けんた：　ちょっと待って。今，学校でくらしと電気について学習しているんだ。新し
　　　　　いエアコンは，古いエアコンより，使われる電気の量が少ないから，電気代が
　　　　　安くなると聞いたよ。
父　　：　電気屋さんが持ってきたカタログには，新しいエアコンの電気代が，１０年
　　　　　前のエアコンと比べて４０％安くなって，年間１８０００円になると書いてあ
　　　　　るよ。
母　　：　えっ，そんなに安いの。新しいエアコンを買ったとしたら，何年間使えば，
　　　　　修理して使い続けるのと同じになるのかしら。

[問２]　会話文の内容から，新しいエアコンに買いかえて使っていく場合にかかる
　　　金額と，エアコンを修理して使い続ける場合にかかる金額が同じになるのは，
　　　何年間使用したときですか。
　　　　また，その求め方を言葉や式などを用いて説明しなさい。

H29. 栃木県立中

K 教英出版